歴史文化ライブラリー
203

銃後の社会史

戦死者と遺族

一ノ瀬俊也

吉川弘文館

目次

「一つの花」をめぐって――プロローグ

1　「一つの花」をめぐって

個人的な回想から話をはじめたい。私が小学校の時、国語の教科書に児童文学作家今西祐行《すけゆき》氏の「一つの花」という作品が掲載されていた。

話のあらすじは次のようなものだ。太平洋戦争末期、ある家族の父親が戦争にいくことになり、母親は入営する彼のためにおにぎりを作った。食糧事情の厳しいなかでなんでも「一つだけちょうだい」というのが口ぐせであった幼い娘ゆみ子がおにぎりを全部食べてしまい、困った父親はおにぎりのかわりに、駅に咲いていた一輪のコスモスを与えて去っていく。結局父親は帰ってこず、一〇年後の娘と母親が昼のおかずをめぐって元気な会話を交わす。この話は一九五二年ごろ書かれたもので、教科書会社光村図書のホームページによると、昭和五二年度版の小学校国語教科書（四年）にはじめて登場し、現在に至っている。

作者の今西氏は一九二三年生、軍隊から復員してきて、人々が「防空壕に、拾い集めてきた焼けトタンの屋根をつけたような家に住んでい」たのをみて、「この家にすむ人は、どのようにしてあの長い戦争をくぐってきた人なのだろうかと、そんなことを考えながら誰かが家の中からでてくるまでたたずんでいた」ことを、執筆の背景に挙げている（以上の「一つの花」に関する記述は、一九七五年・ポプラ社刊のものより引用した）。

これを読んだ小学生の私は、この子はお父さんがいないのにどうして暮らしていけるのだろう、というようなことしか思わなかった。父親は公務員、母親はいわゆる専業主婦で、毎日家にいたからである。だが、大きくなって少しだけ知恵がついた今でも、戦時中～敗戦直後の戦死者遺族たちは、働き手を奪われていったいどうやって暮らしていたのだろう、という疑問はのこっている。本書では、当時の遺族たちの生活のありさまを、戦後多数作られながら、ほとんど顧みられることのなかった全国各市町村の遺族会史（誌）とそこに収められた一人一人の体験談にもとづき描くことで、この素朴な疑問にこたえてみたい。

ただし、そのような個人的な感傷のみで本書は書かれるのではない。この問題を考えることは、難しく言えば戦死者遺族に対する生活援護《えんご》政策の展開過程を分析することである。それは、戦時下、銃後《じゅうご》社会の安定を国家はいかに確保していたのか、兵士とその家族たちはなぜあれだけの大戦争を受け入れたのか、という問題の一端を解き明かすことにほかならない。戦後の日本遺族会は運動の過程でよく「われら遺族八〇〇万」と呼号したが、確かに膨大な数の遺族たちが戦中戦後の日本には存在した。本書が明らかにするように、時の政府が、兵士の士気維持、そして支配体制擁護《ようご》の見地からこの問題にけっして少なない力をそそいだことは、遺族政策の重要性を端的に示している。

これまでの研究において戦死者遺族たちは、田中伸尚氏らのように（田中ほか一九九五。参考文献は刊行年順に巻末に一括して示し、本文中では著者名と刊行年のみを表記した）、日本遺族会と平和遺族会という、日本の戦争責任を自覚していない、あるいはしているの違いはあるにせよ、一個の運動体として描かれることが多かった。もちろん大牟羅良氏・菊池敬一氏、小原徳志氏が、岩手の戦死者遺族への聞き書きを通じてその苦悩と孤独に満ちた内面を描き出しているものの、もしこれらの名著（いずれも一九六四年刊行）につけ加えることがあるとすれば、それはやはり遺族たちと国家・社会の施策との関係ということになろう。

そして近年における戦時期～戦後史研究の進展のなかで、北河賢三氏や川口恵美子氏などによって（北河二〇〇〇、川口二〇〇三）、個々の遺族の目線に立った研究が行われるようになってきている。ただ、前者は戦後の遺族会運動に重点を置き、後者は戦時下も婦人雑誌などをもとに、戦時下の未亡人に示された遺族としての〝規範〟のあり方を解き明かすにとどまっている。すなわち、戦時下の遺族たちに国家が与えた物心両面にわたる待遇の全体像がいかなるものであったか、遺族たちはそれをどのように受け止めたのかを、彼らの声や記憶に即して描く作業はいまなお十分に行われてはいないのである。

それを明らかにすることは、戦後の遺族運動がなぜあのような——戦争責任に向かい合うことなく、靖国神社国家護持や恩給《おんきゅう》増額を声高に叫ぶ——かたちをとってしまったのかを知るうえでも重要である。なぜなら、日本遺族会の会史には、次のような一文があるからである。

戦時下にあっては、わが国の軍事保護、特に戦没者遺族に対する援護の方途には万全が期せられていた……一般国民にも、軍人援護の思想が普及し、国防婦人会や愛国婦人会の活動もあり、随所に、兵隊ばあさんと呼ばれる人が出て、官民をあげて、軍事保護、軍人援護には行き届いた手がさしのべられていた……（ところが戦争に負けるや否や」戦没者遺族は、精神的にも物質的にも、終戦前に比して、掌《てのひら》を返したように冷遇された。このような情勢のもとにおいて、敗戦国にあり勝ちな「権力否定」の風潮が、わが国にもおこり、従来の在り方を無批判に反動的だとして否定する気風が一般に浸潤《しんじゅん》し、昨日までは「誉《ほまれ》の家」として尊敬された戦没者遺族は、終戦後には、或《ある》いは遺骨を抱えて、混雑する汽車の中で、座席もあたえられず、片隅に立って肩身の狭い思いをさせられた。また、遺児を抱えて、どうしても生活の方途が立たず、母子心中をする悲惨な例も少なくなかった……このような環境に放置された戦没者遺族達に自然に憤懣《ふんまん》や不平の声が起こると共に、一面団結して立上がろうとする声も起った。（日本遺族会編『日本遺族会十五年史』一九六二年）

やや長文の引用になったが、戦前の〝銃後〟社会全体が遺族らの栄誉を称揚していたこと、その記憶が彼らの運動の精神的支柱としてあったことがうかがえる。つまり、彼らにとって戦後の運動は、かつて当然のように国家のみならず社会から与えられていたものを取り返す、その意味で〝正しい〟運動にほかならなかったのだ。

ならばわれわれは、遺族たちだけを無反省と批判して事足れり、としていてよいのだろうか。以下本書では、遺族の心情とその生活、およびこれに対する社会の取り組みを、出征の見送りや生活援護、遺骨の帰還といった諸問題を通じて分析し、前記の遺族たちによる主張の妥当性を検証してみたい。それはやがて、あの大戦争をわれわれのそう遠くない過去の社会がいかに支えたか、構造的に明らかにすることにつながるだろう。

※　本書に引用した文献は読者の便をはかって表記を現代風に改めた。〔　〕は筆者（一ノ瀬）による補足である。なお、文中に「未亡人」の言葉が出てくるが、あくまで当時使われた表現として用いている。

遺族になるまで

夫・肉親を見送る

遺族たちははじめから遺族であったわけではない。夫や肉親を兵営へ、戦場へと送り出すという過程を経て、遺族になったのである。

見送りの場面

「一つの花」のお母さんとゆみ子も、入隊するお父さんを見送りに行く。冒頭で紹介したコスモスをもらう場面は、お父さんが出発する駅でのことである。

お父さんが応召したのは、「毎日、敵の飛行機がとんできて、ばくだんを落とし」、「町は、つぎつぎにやかれて、灰になっていきました」と、米軍の本土空襲が本格化した一九四四年末〜四五年ごろのことであった。その見送りの場面とは、次のようなものであった。

駅には、ほかにも戦争にいく人があって、人ごみのなかから、ときどきバンザイの声

図1　出征兵士の見送り・
武運長久の祈願祭
小学生たちがみた風景（東京市役所編『銃後の護り』1938年）.

がおこりました。また、べつのほうからは、たえず、いさましい軍歌がきこえてきました……ゆみ子とおかあさんのほかに見送りのないおとうさんは、プラットホームのはしのほうで、ゆみ子をだいて、そんなバンザイや、軍歌の声にあわせて、小さくバンザイをしたり、歌をうたったりしていました。まるで、戦争になんかいく人ではないかのように……。

実はこの場面に関して、その〝正確さ〟をめぐる議論があったように聞く。すなわち、戦争中の見送りとは町村挙げての盛大なもので、「一つの花」のように家族だけで見送るなどということはあり得ない、だからそのような歴史的事実に基づかない文章を教科書に載せるのは不適切だ、というのである。

だが、戦時中、常に町村挙げての盛大な出征兵士見送り（図1）が行われていたわけではない、ということを、われわれは知っている。なぜなら一九四一年、対ソ開戦準備のため満州で行われた兵力大動員（関東軍特種演習、通称関特演《かんとくえん》と称された）の時、軍が機密保持のために見送り行事をいっさい禁止したため、私服を着て秘密裏に入営した者が多数あったからである（黒田俊雄一九八八）。これにしたがえば、太平洋戦争中は家族だけでの見送りさえも絶対になかったということになるのだが、問題は「一つの花」では「ほかにも戦争にいく人があって」、その人たちは盛大な見送りを受けている、と語られていることである。なぜゆみ子のお父さんだけが見送ってもらえないのか。やはり「一つの花」の記述は間違っているのだろうか。実態はどうだったのか。以下、兵士と家族の〝別れ〟の諸相をみていきたい。

盛大な見送りの意味

この見送りに関しては、つとに藤井忠俊氏が、見送る者と見送られる者の一体感を形成する場であり、〝銃後〟社会形成のうえで重視すべきとする見解を示している（藤井二〇〇〇）。氏が見送りをいみじくも「赤紙《あかがみ》の祭」と名付けたのは、ことの本質を端的に示した卓見である。さらに吉良芳恵氏（吉良二〇〇三）は、藤井氏の視角を受け継ぎ、見送りの実態を各地の役場資料に基づいて、日中戦争期、太平洋戦争開戦前後に区分、その盛衰を明らかにしている。吉良氏の整理によると、日中戦争期初頭に昂揚《こうよう》した町村の見送りは軍によって太平洋戦争直前の関特演時に禁止されたものの、太平洋戦争開戦とともに復活される。しかし、戦局悪化のなかで最大の課題は死者の魂をいかに祭るかへと移り、「赤紙の祭」の熱狂はもうどこにもみあたらぬ時代へと入っていった、とされるのである。

本書では、地域ぐるみの盛大な見送りを受けることが個々の兵士とその家族にとってどのような意味を持っていたのか、ということを、両氏が用いていない、新潟県中蒲原《なかかんばら》郡石山村（現新潟市）の『石山村報』（新潟市合併町村史編集室より、一九八一・八二年に復刻版が出ている）から定点観測してみたい。この「村報」とは、石山村当局が村民に国策協力を呼びかけるべく一九二三年七月以降、毎月一五日に発行していた広報紙であり、政府の諸通達や村の行事の知らせが多数掲載されている。

兵士の見送りは村民にとって重要な行事のひとつであったから、関連記事も多い。『石山村報』一九二号（一九三九年一二月五日）に掲載された「事変美談」なる記事は、兵士たちにとっての見送りの意味を考えるうえで興味深い。

村のある老女の息子が応召することになり、近所の者が「こんなめでたいことはないから、しっかりしてくんなされ」と祝いの言葉を述べに来たのだが、老女は「俺らなんだか、たまげてしまって腰が立たねいだ、体中の力が抜けてしまって」と嘆いた。すると「互いに眼くばせをしていた、集まった者の中から、となりのお嬶《つかあ》が参り出し」、次のような言葉を投げかけた。

なんだって婆！　みっともないじゃないか。お前また踊ってでもいるかと思ったら、なんというざまだ。明日一〔息子の名〕が帰ったら定めし泣くだろう情けなくなりてな。そんな事では折角《せっかく》応召うけても一は立派なご奉公も出来まい。どうだい婆さん。一が出かける前に、一層のこと、死んでくれないかい。一もきっと思い残りもなくて御奉公が果たせるだろうから。

「そうだそうだ」と一同がはやし立てると、見る見る婆さんの顔に、生気が甦《よみがえ》ってきた。「ああ俺らわるかった。となりの嬶かんべんしてくらっせ。俺ら、一が立派な戦死を見届けるまでは、石に齧《かじ》りついても死なれねいから、どうか、かんべんしてくらっせい」と「明朗に、元気づいた」婆さんは、息子が帰る前にせめて家の中でも片づけべいとはりきって立ち振る舞った。となり近所は「となりのお嬶、好い薬が利いたわい」と、目と目で語り合って喜びあった。

もちろんこの「美談」が現実の出来事であったか否かはわからない。ただ、こうした話が村の公報に掲載されたことは、近所の激励が兵士家族の動揺を押し隠し、「立派な戦死を見届ける」ポーズを強制する機能を持っていたことを示唆していよう。お国のための出征であるから、弱気な者には「一層のこと、死んでくれないかい」との言葉を投げつけることも許されたのである。

とはいえ、周囲の人々が悪意をもってそのような言葉を投げつけたというわけではおそらくないのだろう。あくまでも善意で見送りは行われたのであり、だからこそ盛大なものとなったのであるが、そこに見送りの持っていた恐ろしさがある。

他地域にも、見送りが持っていた負の効果を示す話はある。三重県の海軍水兵長は「大東亜戦争もたけなわの頃」召集令状がきて入隊することになった。当日見送りの人々が待っているのになかなか家から出てこないので兄が入ってみると、病気の妻が苦しんでおり、一歳になる子供は母に馬乗りになって喜んでいる、本人は涙も尽きたのかそれをただぼう然と眺めている、という地獄絵図であった。兄が心を鬼にして無理に引っぱり出し表に出ると、期せずして人々の万歳の声が沸いた。兵士は狂いたくなるような心を押ししずめて、頭をさげ兄の手を握って「よろしく頼む」と言った。本人にも、病床の妻にも、万歳の声はまさに「暗黒から湧いてくる苛酷な運命の叫びとしか受け取れなかった」のである（三重県飯南《いいなん》郡）飯南町遺族会編『草々の詩　飯南町戦没者の記録』一九八六年）。この兵士がパラオに送られた直後に妻は病死、本人も終戦一ヵ月前に戦病死した。

石山村の見送りの変化

日中戦争の長期化にともない、石山村の見送りにも変化が訪れた。『石山村報』二〇七号（四一年三月五日）によると、「皇国のため重大任務を負うて入営出征なさる軍人さん、またはその重き任務を果たしてめでたく帰還除隊なさる軍人さんを歓待すべきことはもちろん」であるが、「輓近《ばんきん》隣並式に多大の失費を競うの傾向あるやに鑑み」、長期事変下における物資節約の国策に協力し、かつ入退営将兵の家庭の失費をいくぶんなりとも軽減するためとして、四ヵ条の見送り改善案なるものが三月一日の村常会に提起され、満場の賛成によって決定された。

一、祝宴はなるべく兵士の出発当日にすること。

一、祝宴会開宴時間は一時間にとどめること。

一、祝宴会用祝い酒は御神饌《しんせん》〔供物〕のお流れを用い、来集人員一人につき二合を超えないこと。

一、酒肴は三品に限定し、なるべく自家の生産物を用い、一人前五〇銭以内にとどめること。

以上の見送り準備は、その部落常会長が実行委員長となり、在郷軍人会役員および青年会役員と協議のうえ決定するものとされた。四一年といえば太平洋戦争開戦の年であるが、この階段に至っても「多大の失費を競う」宴会が実施されていたことがわかる。ちなみにこの決議に先立ち、鴉又《からすまた》、紫竹《しちく》の両部落においては、すでにこの「冗費改善による自粛祝宴会」が徹底的に実行されつつあるとされている。

同じころ、石川県内でも、例えば四一年二月三日、羽咋《はくい》郡の大政翼賛会《たいせいよくさんかい》中甘田《なかあまだ》（村）支部長・中甘田村長が村各部落常会町・隣保班長にあてて「入営及び応召軍人祝に関する件」を発出、入営・応召兵への餞別または「ゴチョウ」の饅頭・酒などは、物品を贈ることを廃止し金銭にて行うこと（近親者は一円ないし二円、親戚以外の一般者は五〇銭以下）、入営・応召者が自宅にて「別杯」を呈する場合には膳を用いることなく「つまみ肴」一品とすることなどを指示している（石川県羽咋郡志賀町役場編『志賀町「銃後」の記録』一九八六年）。

このの ち四一年七月前ごろ、前述の関特演にともなう秘密動員が行われたが、新潟県石山村における状況を村報からうかがうことはできない。同演習にともなう動員がなかったからかもしれないが、情報の秘匿がそれだけ徹底していたからとも言える。そこで石川県内の例をみると、四一年七月上旬には金沢連隊区司令部が各市町村に壮行会・歓送会や町村・団体による見送りは禁止し「家庭前において見送るを最後」とすること、奉公袋（軍隊手牒などを入れた袋）は風呂敷に包むこと、頭髪はそのままにして入隊後散髪することなどを指示、徹底した機密の保持が行われた（前掲『志賀町「銃後」の記録』）。

ただし、一般的なイメージとは異なり、軍の指令をやぶってひそかに見送りを行った例が見られる。大阪市の例だが、同市遺族会編『戦没者の妻の手記』（一九六〇年）は、「当時の見送り禁止の令をやぶって、八つの長女を頭とする三人の子供をつれて夫を大阪駅まで見送りました」、「昭和一六年、歓呼の声に送られることもなく門口でも見送ることの許されない秘密召集のころで、家族の者と、それでも町会の副会長をしておりましたので、町会の役員の方と、近隣の四、五人の方々とに家の前でお見送りいただいてひそかに郷里の広島へ一人立って行きました」といった妻たちの証言を収録している。軍も家族の情愛を完全に否定し去ることはできなかった。

見送りの緩和

ところが太平洋戦争が開戦すると、吉良氏がいうように見送りは一定度「自由化」されたのである。『石山村報』二一七号（一九四二年一月五日）は、「入営兵帰還兵歓送迎要項」を掲載してこの間の事情を伝える。

要領は「その筋〔軍〕の通達に基づき」決定されたもので、（一）一般方針と（二）細部要領からなる。やや長いものだが、当時の村における見送りの実態がうかがえる。（一）の一般方針は「将兵及び銃後国民の士気を昂揚《こうよう》せしむる目的をもって従来の制限を緩和せられ左の点につき特に注意を加え最も精神的に盛大ならしむる」ようにせよと指示、ついで軍機保護法に抵触しないこと、平時業務とくに生産能力を低下せしめざること、物資経費などは極力節約すること、交通運輸の妨害をしないこと、警備防空に不断の注意を怠らないこと、などの一般論であるが、(二)の細部要項は当時の見送りの実態を彷彿《ほうふつ》とさせるものなので、以下列記する。

一、祈願式壮行式歓送迎式などは荘厳かつ簡素に行うこと
二、入隊名、期日などは防諜上、厳秘にすること
三、入営及び帰郷日時決定したる場合はその家庭より区長に通報すること
四、入退営に際してはその大字内は国旗を掲げ慶祝の意を表すること
五、一般の歓送迎は区長司会の下にその大字神社境内においておこなう
六、国民学校生徒の歓送迎は、適宜代表者の範囲とす
七、万歳の称呼、楽隊の使用差し支えなし、ただし楽隊の新調を禁ず
八、駅構内の送迎は一般に厳禁せらる
九、付添人は役場吏員をして入営者の指導、部隊との連絡上なるべく付き添わしむ
一〇、父兄等の付添は病人等特別の者に限り部隊まで付き添わしむることを得《う》
一一、入隊者に対する面会は一切許可せられず
一二、御神酒用としてその神社部落に一升および入退営者家庭へ二升ずつの配給券を

出す

一三、入退営の振舞は質素を旨とし、招待の範囲は三親等（本家、分家、親の実家、妻の実家両隣）以内とし、知己友人などは絶対に招待せざること

一四、送迎には小国旗を用い、長旗または名入小旗は禁止すること

一五、タスキ類の標識は一切禁ず

一六、名刺及び挨拶状は廃止すること

一七、服装は軍服国民服訓練服などとし、軽快なるを要す

一八、出戦部隊の見送りまたは帰還部隊の歓迎については、その都度通牒によること

さまざまな制限はあるものの、たしかに兵士の「士気」維持の観点から、見送りはけっして無視できない行事とみなされていたことがわかる。全国的に見送りの復活が許されたのは、軍のそのような配慮に基づいていたのである。

ちなみに石川県内でも、太平洋戦争開戦とともに「陸軍当局より従来禁止せられ居り候出征兵の歓送迎及び激励式等を幾分緩和され」、歓送時小国旗・団旗・校旗などの使用は差し支えないこと、ふたたび「支那事変勃発当時の熱誠」をもって歓送すべしとの指示がなされた（四一年一二月二二日、愛国婦人会石川県支部発市町村分会長あて「出征将兵歓送迎

に関する件」、前掲『志賀町「銃後」の記録』所収)。

そして四一年一二月三〇日に石川県警察部長・同学務部長が各警察署長・市町村にあてた「入隊後における出征将兵の志気《ママ》振興に関する件」でも、「沿道における一般の歓送は部隊の行動に妨害とならざる範囲において支障なきこと」が指示されるなど、一定の緩和がはかられた。ただし後者の通牒には、「出発の駅前における一般の歓送及び面会は許されざること」との指示もあり、石山村同様、駅での歓送は禁じられている。

見送られる兵士たちの負担

見送りが緩和されて数ヵ月がたった一九四二年四月五日の『石山村報』二二〇号は、ある部落の婦人常会議事録を掲載している。そこでは兵士が入退営・応召帰還する際の行事があまり華美になるのは時局柄問題であるので規制することが話し合われた。その結果、申し合わせ事項として兵士の歓送迎の祝宴にきびしい規制が加えられた。

まず祝宴に招待するのは三親等、本家、分家、妻の実家、親の実家に限ること、祝宴はなるべく兵士の出発当日に行うこと、祝宴会の時間は一時間程度にとどめることなどが挙げられている。

宴で出す酒肴にまでも細かな規制はおよんでいる。酒はお神酒《みき》のお流れを用い、来客一人あたり二合を超えないこと。肴は三品に限定し、なるべく自家の生産品を用い一人前金五〇銭以内にとどめること。おもの（米か）や菓子刺身などは絶対に用いないこと。こうした規制がかけられるぐらいであるから、それ以前はもっと盛大な宴を行わねばならなかったのだろう。とくに貧しい家庭にとって、入営・応召とは、単に働き手を奪われるだけでなく、こうした面でも「苦痛」（大江志乃夫一九八二）であった。

祝宴会に招待を受けた者にも負担は発生する。規制では、招待された者は餞別祝儀《せんべつしゅうぎ》として金二円五〇銭、帰還の場合は金二円を贈り出席することとされている。ちなみにこの時期郵便葉書の値段は一枚二銭であり、回数が重なれば相当の負担になっただろう。

この申し合わせは「入退営の兵士招待」の廃止も定めている。入退営する兵士を近隣の者が自分の家に招くということもあったと思われる。「兵士除隊の場合赤飯、土産物等を一切廃止すること」とは、入営のさい、餞別をもらった家に配る土産を指す。ここでも兵士たちは経済的負担を強いられていたわけである。

前出の四二年一月「入営兵帰還兵歓送迎要項」で見送り行事は簡素であれ、「精神的に盛大ならしめよ」と指示されていたが、人々は従来の慣習をけっして止めようとはしていなかったことがわかる。軍の通牒はかならずしも末端では実行されていなかった。

兵士たちを見送ったのは、隣近所に住む者たちばかりではない。一九四二年一二月五日の『石山村報』二二八号は、村青年団が行った「入営兵壮行会」の様子を伝えている。おそらく団の幹部が寄稿したものであろう。

歌をうたって見送る

青年団は、村の壮行会とは別に、一一月二八日の夜、団出身の入営兵〇〇《ママ》名を迎えて壮行会を開催した。みぞれ交じりの悪天候を物ともせず参集した団員はおよそ五〇〇名、一人ももれなく出席した。これは「入営兵に対しての誠意の現れとして感激」すべきものであり、「昨日は御遺骨を迎い、今日は勇士を送るという、真に血を以て皇国日本の生きた歴史を綴《つづ》りつつある現実を握んだ心と心、誠と誠との発する火花である」。戦死者を迎えることと、兵士を戦争に送り出すこととは、ともに日本の生きた歴史を綴ることである。ここで兵士たちに求められているのは、生きて還ることではなく死んで「日本の生きた歴史」を綴ることであった。

団は入営兵を慰めるための物資を何ひとつ用意できなかったが、出征兵を送る歌の合唱に、団員の総意を込めた。入営兵たちもまた、「露営《ろえい》の歌」の合唱に総意を込めて応えてくれた。団員の余興に時の過ぎるのを忘れて、一〇時過ぎ、団員の万歳を浴びて勇士は帰途についた。「有り難うございました」の声も、思いなしか腹からの力がこもっていた。

その翌日、入営兵の代表者が学校を訪れて金一封を残して行った。青年団旗調製費の一部に加えてくれとのことであった。団は「酬《むく》いることの薄くして、酬いらるるの大きさにためらいつつも……こうした赤誠こそ本団の団旗に生きた光彩を添うるものであり」、団旗の翻るところ必ずや青年の発奮を呼び起こすであろう、とありがたく受けることにした。

入営・応召時の一連の行事は兵士たちの家に重い金銭的負担を強いるものであり、なによりいったん出征すれば生きて帰れるかもわからなかった。しかしともに歌い、感激をあじわう共同体のなかに、これから戦場に行く若者たちは生きていたのであり、そこから逸脱することなど思いもよらなかったのである。

とはいえ、みながみな見送りによって文字通り勇んで出発していったわけではなかった。四三年九月に三一歳で応召して四五年九月フィリピン・ルソン島で戦死した福岡県の兵士の妻は、「後のことをよろしく頼む」と繰り返し駅での見送りの人たちに言っていた夫の悲壮な顔だけが、脳裏にはっきり浮かぶと回想する。それは、妻ひとりに四〇〇円余の借金と、お腹の子供も合わせて四人の子供を託して行かざるを得なかったからである（日本遺族会編『いしずえ　戦没者遺族の体験記録』一九六三年）。戦争が激化して妻も子もある高齢の兵士が繰り返し動員されていくにしたがい、見送りの場面にはそうした苦悩も表面化していったのである。

日本軍が連合軍の反撃をうけて戦局が悪化するなかで、見送りはどう変化していったのか。一般的に、戦局の悪化とともに見送りもふたたび尻すぼみとなっていったようなイメージがある。吉良氏も太平洋戦争期には「赤紙の祭」の熱狂はもうどこにも見あたらなくなった、と述べている。この点実際にはどうだったのかを、石山村などの事例からみていきたい。

戦局悪化後の見送り

石山村は一九四三年新潟市の一部となり、『石山村報』も廃刊となるが、その直前の一九四三年四月五日発行の第二三二号には、見送りに関する興味深い記事が掲載されている。「応召入営の歓送に関する件」と題するそれは、

一家の柱石《ちゆうせき》たる主人や一人息子を戦地に送る気持ちから謂《い》えば誠意をこめて名残の尽くるまで惜別の真情を致すべきでありましょうが、近時御祭り騒ぎ的にも傾き駅頭に、列車の中に盆踊りをする狂態を演ずる者も偶々《まま》見受けることは決戦態勢下苦々しき至りで、殊《こと》に駅長等より注意もあり郷町村会は翼壮郷〔＝翼賛壮年団支部〕の幹部と協議を遂《と》げ左の通り決定し、更に新津駅、新潟駅関係市町とも連絡を採り今後之《これ》が実践に努むることとなりたり。

と村民に通知している。先に掲げた四二年一月の軍通牒では「駅構内の送迎は一般に厳禁せらる」とされていたにもかかわらず、駅での見送りが「盆踊り」と見まごうばかりに盛んになりすぎているのは「決戦態勢下」好ましくないので以後は規制する、というのである。この年の二月にガダルカナル島を撤退、四月に山本五十六《いそろく》連合艦隊司令長官が戦死、五月にアリューシャン諸島アッツ島が玉砕、と戦局が緊迫していたにもかかわらず、国内ではこのような「御祭り騒ぎ」が行われていた。すなわち、この段階にいたっても、駅での歓送を禁じる軍の意向は必ずしも一般に浸透していなかったのである。この記事に示された具体的な規制策は、次の四ヵ条である。

一、応召入営（応徴も同じ）の場合における歓送は、その部落の神社前限りとす

二、楽隊は村境界（旧山潟旧石山部は西山二ツ川前、旧木戸部は馬越山本橋、鴉又月見橋、榎橋）までとす

三、駅までの近親者に対しては村より一人につき一〇枚以内の徽章《きしょう》を貸付するをもって、これを佩用《はいよう》し（着けて）駅まで見送らること　使用済の上は返還すること

四、〇〇〇〇（防諜演習？）中は五人（以上、または以下脱か）の集団を禁止されあるをもって、駅までの見送りは不可能なるをもって注意を要す

近隣住民の見送りは在住部落の神社までとされているが、楽隊の演奏は村境まで許されている。そして近親者のみは駅まで行って見送ってよいというのだから、以前はそれ以外の者も駅まで行って「盆踊りをする狂態を演」じていたのだろう。

こうした村全体は村境まで、家族のみは駅まで、という型式の見送りが実際に行われていた同時期の事例として、一九四三年五月、長崎県大村《おおむら》市から出征した陸軍兵士の例がある。彼の妻は両親とともに見送りに出かけた。駅に近づくにつれ「こんなにも多勢の人々がどこから集まって来られたのだろうと、不思議に思」うほどの見送りの人々と別れの場所〔村境?〕まで来た。そこで小学校の校長から激励の言葉をもらい、その後家族だけで駅から見送った（〔長崎県大村市〕萱瀬《かやぜ》地区郷土史編集委員会編『かくて今日が　第二次大戦中の郷土』一九九一年）。

さらに後年の四五年一月、現役で海軍に入隊した岐阜県の水兵も、「村の八幡神社でご祈禱を受け、村長さんはじめ皆さまの暖かい歓呼の声で村境まで送っていただき、それからは親族、隣家の皆さまに駅で最後のお別れ」をしたと回顧している（〔岐阜県羽島《はしま》市〕福寿町自治会・遺族会編『戦時追憶　太平洋戦争と福寿村』一九八二年）。

ここで先に掲げた「一つの花」の「お父さん」の見送りシーンを思い返してみよう。お父さんは「遠い汽車の駅」までお母さんとゆみ子と歩いていく。駅に到着すると、「ほかにも戦争にいく人」があり、バンザイの声や勇ましい軍歌が聞こえる。はたしてそのようなことはあり得たのか。

「駅」での別れも続いていた

一九四三年以降の戦局悪化後も、実は「駅」もしくは最寄りの交通機関までの大勢の見送り――日中戦争初期のスタイルを踏襲した「赤紙の祭」――が地域によっては行われていたことが、以下に掲げる各地の遺族の回想談からみてとれる。

一九四四年一〇月、ビルマで戦死した群馬県出身の陸軍兵長の妻は、四五年六月下旬の暑い日、役場の職員と義弟に付き添われて前橋《まえばし》の寺へ遺骨を迎えに行った。駅は出征兵士を送る人々でいっぱいで、「兵隊の皆様ご苦ろうさまです」の言葉に我にかえり、夫はどうして戦死なんかしたんだろうと思ったという（太田市遺族会編『太田市遺族会誌』一九七九年）。

四四年六月二日、召集令状が来て入隊した岐阜県の兵士の妻によると、五日の出発の時、近隣の方々をはじめ区民の人々が早くから出てお宮様にお詣りし、夫の武運長久を祈願してくれた。そして駅まで大勢について行ってもらい、駅でも白山町の別の兵士と夫のふたりが盛大な見送りを受けた。彼らは、そこで出征兵士の襷《たすき》を肩に掛けられ、元気よく挨拶をし、列車の最後尾に立って挙手の礼をし続けながら「もう、故郷へは帰られない」と覚悟して岐阜歩兵第六八連隊へ発《た》って行った、という(〔岐阜県益田《ました》郡金山《かなやま》町〕金山遺族会編『さきもりの声　戦争体験の記録』一九九六年)。

東京都秋川《あきかわ》市の陸軍上等兵は四四年一一月に赤紙が来て入営することになった。彼の弟によると、ホームに兄と近所の兵二人が立ち、「日の丸の旗の波、ホームでは同級生と、その年ごろのかたがたが輪になって、ごうぎ節の歌で見送った」という(〔東京都〕秋川市遺族会編『秋川市遺族会誌』一九八六年)。彼は四五年一月、海路博多《はかた》から中国に向かう途中、船が揚子江《ようすこう》で機雷《きらい》にふれて戦死した。ここでも前出の新潟県石山村と同様、若者同士の別れの場に歌がある。

静岡県浜松《はままつ》市在住のある兵士は四五年三月二七日、「村長はじめ校長先生、青年団、婦人会、各団体から激励の言葉をいただ」き、「県社鹿島《かしま》神社鳥居《とりい》前で万歳の大かん声に送られ」て貸し切りバスで五〇分、一四キロを走って浜松駅から汽車に乗り、満洲の迫撃砲《はくげきほう》隊へと入隊している(〔静岡県浜松市〕庄内地区戦時体験刊行会『平和への祈り』二〇〇〇年)。

もちろんこの時期ともなれば、出征兵士全員がもよりの駅で町村総出の見送りをうけていたわけではない。戦争末期、見送りはもはや行われなかった、との証言も多い。しかしこれまで見てきた通り、地域によっては戦争末期まで日中戦争当初のスタイルに添った見送りが行われていたのである。遺族会誌だけでなく兵士の回想録などもあたれば、同様の話はもっと多く見つかると思う。兵士の周囲の人々が軍の意に添って見送りをやめたりせず、たとえ細々としたかたちではあれ続けていったことは、家族、同郷の若者との別れに対する人々の思いの強さを物語る。戦争末期の兵力大動員は、銃後のそうした思いによっても支えられていたのではなかったか。

「一つの花」の見送りの場面を、以上の各地域の事例を参考にして次のように考えてみてはどうだろう。駅で「ほかの兵士」を見送っているのはこれを許された家族・近親者であり、とくに田舎であれば互いの親族が知り合いであることも多く、勢い歓呼の声は盛んとなる。一方のお父さんたちには何かの事情で近隣に親族・身寄りがなく、駅まで送ってくれる親しい人もいない（家を出る際の描写はとくにない）、と。そう考えるならば、あくまで「一つの花」はフィクションであるけれども、この場面も当時決してありえなかったとまでは言えない、ということになるのではないか。

そもそもよりの駅でさえ、兵士と家族の最終の別れの場とは限らなかったことを、見送りについての記述を終えるにあたって指摘しておく。四五年二月、福岡の部隊に応召入隊を命じられた広島県三原《みはら》市出身の陸軍兵士は、広島市内で消防署に勤めていたが、懐かしい郷里の三原に帰って出発することにした。しかし一日しか余裕はなかった。理髪業をしていた妻は自分も子供を背負って汽車に乗った。最後までついて行くつもりだったのである。しかし列車は窓から乗り込むほどのぎゅうぎゅう詰めで、子供がつぶれそうになったため、夫に「お前は下車しなさい危ないから」と言われ、とうとう広島（現在の山陽本線で約七〇分）で下車した。その時主人は「サヨウナラ」と言い、彼女はとてもいやな気がしたが、本当にその言葉が最後になってしまった（広島県三原市戦没者遺族会婦人部編『征きて還らず』一九八七年）。「サヨウナラ」の言葉には、どんな思いがこもっていたのだろうか。

面会の諸相

面会の場があった

実は、すべての戦死者と遺族とが、見送りをもって最後の別れとしたのではない。彼・彼女らのなかには、入隊後に面会をしている者もあるからだ。

四四年六月に応召、フィリピンで戦死した広島県三原の海軍兵士の妻は、その年の一〇月、生後七〇日余りの子供を背負って呉《くれ》海兵団（兵士の訓練部隊）まで面会に行った。夫の妹が一日中三原駅に立って切符を求めてくれた。夫はお腹がすいてひもじいと訴え、彼女の弁当まで食べてしまった。

帰りの切符を買うため午後四時ごろから駅に並び、夜九時ごろようやく手にはいった。

三原駅に着いたのは夜中の一一時であった。一人で一里（三・九二七キロ）余りの暗い夜道を帰っていくと、途中で男と出会った。もし危害を加えられたら傘で相手の腹をついて自分も死ぬ覚悟でいると、それが「やみ取り締まりの人」であったのは当時の世相をよく表している。「その手さげ袋の中のものはなんですか」と問われ、「子供のおしめですよ」などと言ってやっと家にたどりついたのは午前二時前だった。

このように大変な思いをしつつも、彼女はそれから一週間後、「おすしとおはぎをたくさん持ってきて」と言われたので再び面会に行った。夫はよろこんでみんな食べ、余ったのは便所の中で食べると言ってポケットにひそませ海兵団に帰っていった。それが今生の別れになろうとは夢にも思っていなかった。夫が四四年一一月二九日、呉港を出港したことを知ったのは、ずっと後のことであった（広島県三原市戦没者遺族会婦人部編『征きて還らず』一九八七年）。

四五年四月、フィリピンで戦死した石川県の陸軍伍長の妻も、はるばる広島まで四日がかりでお寿司や弁当を作って面会に行っている。近所の人も同じ隊の所属だったので、四人一緒にいったという。「主人は髭《ひげ》だらけで元気で」あった。その後「マニラ、エスゴルタカイより二、三回手紙が来ましたがそれが最後」であった（『石川県河北《かほく》郡』内灘《うちなだ》町社会

福祉協議会・同町遺族会編『内灘町戦没者記録誌』一九九三年)。

四四年一二月、レイテ島で戦死した三重県の陸軍曹長の弟は、「一度舞鶴《まいづる》へ面会に行った時、家から持って行った大好物のイイダコを口中一杯にして、うまそうに喰べていた姿が今も目の前にちらつきます」(三重県多気《たき》郡)多気町遺族会編『帰らざる兵士たち　多気町戦没者の記録』一九八九年)と回想する。

このように家族たちは、おそらく相当無理をして遠い兵営に食べ物を持って行った。軍隊も食糧事情は悪かったのであろう、兵士はよろこんでそれを食べたのだが、彼らは必ずしも家族の持ってきた食べ物を公然と食べられたわけではなかった。

イイダコの曹長と同じ多気町出身の陸軍兵長の弟は、四一年七月、果物の缶詰ばかりを風呂敷包みにして三重の連隊に面会に行った。連隊の門をくぐると、食べ物は一切持ち込み禁止とのことで、受付に包みを置いてから面会にいった。別れ際、兄にそのことを話すと、部隊の西側にサザンカの垣根がある、そこから投げ入れてくれと小さな声で言われたので、そうすると受け取るなり一目散に走っていった。それが兄との「この世の最後の別れ」となり、彼は四二年、フィリピン・ミンダナオ島で戦死してしまった。弟は、「兄に食べてもらいたい一心で持ってきた缶詰は笑顔で食べてくれたことと思い悲しみが胸一ぱいです」と言う。果たして首尾良く食べることはできたのだろうか（前掲『帰らざる兵士たち　多気町戦没者の記録』）。

四四年舞鶴海兵団に入団した福井県の水兵の母は、息子の好きなおはぎを作ってはるばる舞鶴まで面会に行き、面会こそ許されたものの、巡回の兵は余りにも厳しく、見つかれば樫《かし》の棒でなぐられ見るに見かねる制裁を受けるとのことに、一口食べさせることもできずそのまま持ち帰ったという（〔坂井《さかい》郡〕三国《みくに》町遺族連合会『祖国の華』一九九一年）。衛生のためという理由はあろうが、家庭の味をあじわうことすら許されなかった兵士は哀れである。

ところが一方で、面会時に外泊を許されたという例もある。四五年二月、フィリピン・ルソン島で戦死した山形県の陸軍伍長（戦死時三三歳）の妻は、夫が三度目の召集で山形の連隊に入隊、四四年（?）の一二月に一歳に満たない末の子をおんぶして面会に行った。しかし隊内はあわただしくて衛兵所より一歩も入れず、そのため夫を呼び出してもらって指定の市内旅館に泊まり、翌日別れて帰宅したという（〔東田川《ひがしたがわ》郡〕藤島《ふじしま》町戦没者追悼誌刊行会編『藤島町戦没者追悼誌』一九八一年）。

意外にも、軍は前線への出動間近であるにもかかわらず、兵士に外泊を許可したのである。彼女も「この日が夫との永別になった」のだが、もっともめぐまれた部類の家族であったと思われる。

面会で前線への出動を知る

兵士たちが面会を許されたのは、前線への出発が決まったためであることが多かったようだ。

一九四四年一〇月、フィリピン・レイテ島で戦死した三重県の陸軍兵長の弟は、四三年一二月二五日に現役兵として京都の野砲兵連隊へ入隊、明けて「一月〇《（ママ）》日比島方面へ出発」と家族に通知が来たという。父母は物資のない時ではあったが、好きな物を一生懸命工面して翌日京都の部隊へ面会にかけつけると、多くの父母兄弟姉妹で面会所は大混雑、それでもわずかなひとときを過ごすことができた（前掲『帰らざる兵士たち 多気町戦没者の記録』）。先に見送りの箇所で機密保持に固執する軍の姿勢をみてきたわれわれには実に意外に思えるのだが、前線への部隊移動という重要機密が守られていないのである。連隊によっては兵士の士気維持、「後顧の憂い」をなくすことをより重視したのであろう。

愛知県在住のある海軍兵士の娘によると、父は四四年六月一五日、応召により呉へと発った。その後ある日、突然同じ村から出た下士官から「一〇月初旬にレイテ島に向かう」

との葉書が来たので母は一昼夜かかって臨月の妹、二人の子供と面会に行き、わずか一五分間だけ面会できたという（愛知県遺族連合会青壮年部編『みちのり遙か　太平洋戦争戦没者二世がつづる昭和』一九九三年）。封書よりも人の眼に触れやすい葉書と人の口によって、艦隊の出撃（レイテ沖海戦？）とその行き先という機密事項が一般社会へと洩れている。軍、警察の検閲は絶対ではなかったのである。

面会の場で前線への出動を知らされた妻たちもいる。

一九四一年一〇月二日、三三歳で応召し、小倉《こくら》連隊に入隊した兵士の妻（福岡県大川《おおかわ》市

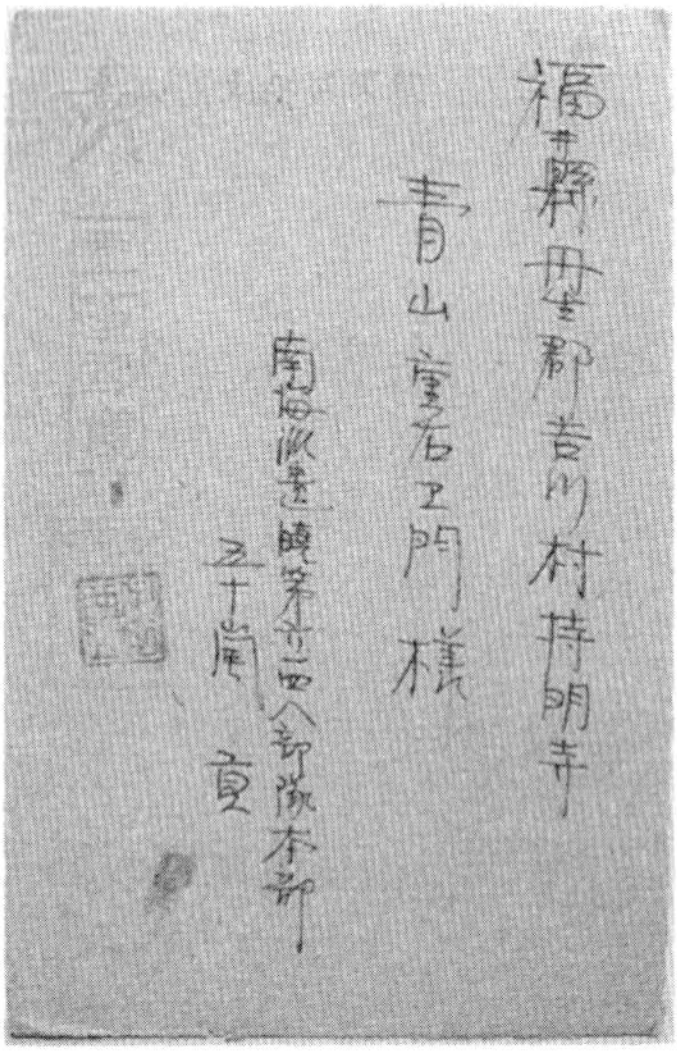

図２　ある兵士の軍事郵便
暁部隊とは陸軍の船舶部隊.「赤道以南の大島」（ニューギニアだろう）,「マラリア患者も相当に出て居ります」,「ケトウのトンボ」（連合軍の空襲）などの字がみえる. 検閲により機密を守ろうとする軍と, なんとか戦況の悪化を報告しようとする兵士のせめぎあいのようなものがみてとれる.（筆者蔵）

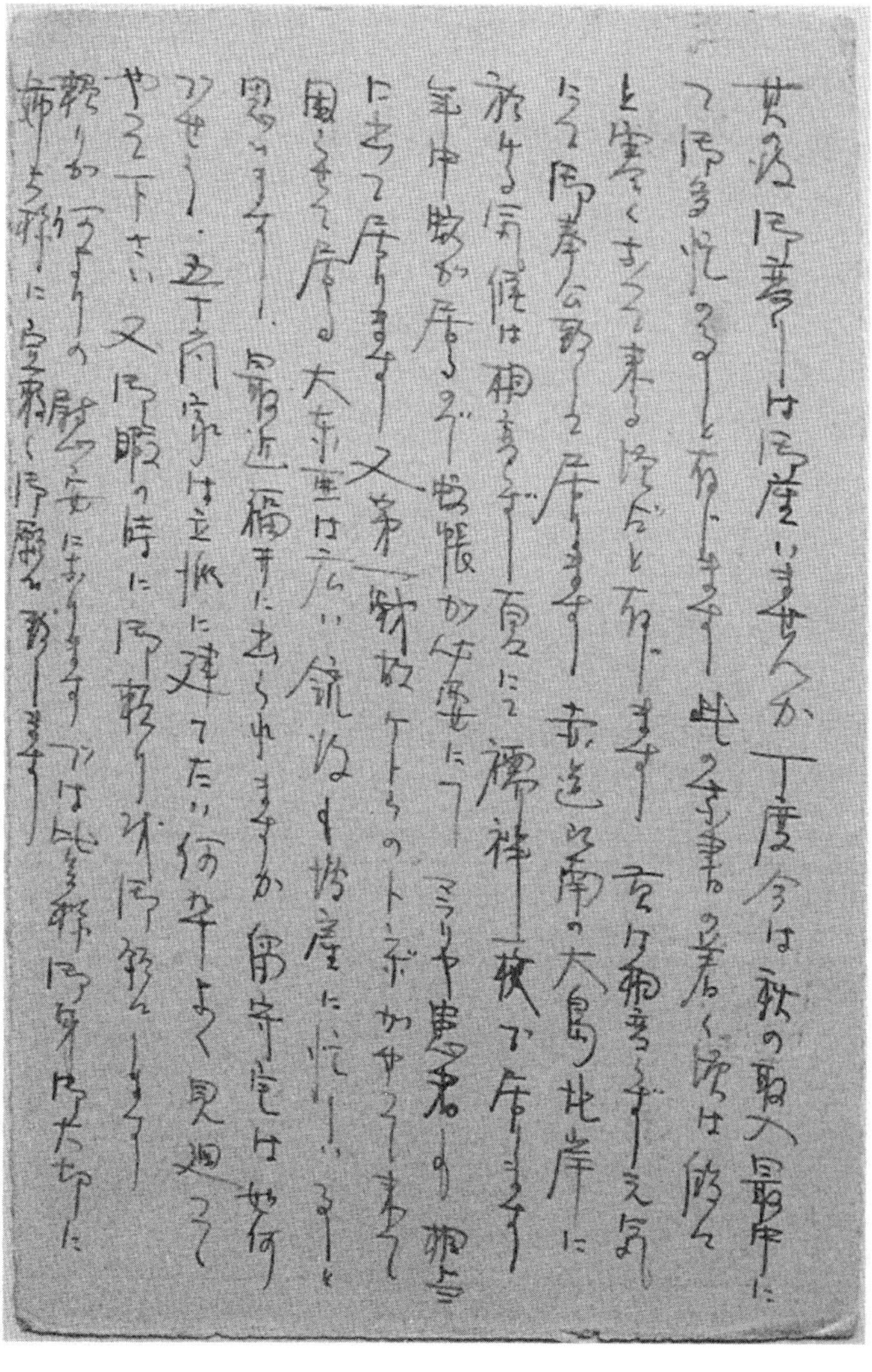

在住）によると、その一〇月末の早朝、父が「眠られない」と言って小倉へ行くといいだした。彼女も長男を背負ってついて行った。途中汽車の混雑など苦にもならず夢中だったという。運よく面会が許されて会うことができた。彼女が知らなかっただけで、父はどこからか部隊の出動を告げられていたのかもしれない（福岡県遺族連合会編『福岡県戦没者遺族の五十年』一九九五年）。

夫は「よく来た」と大変喜び、「今夜立つ行先不明」とささやき、それだけ言うと、背中の子供に「早く大きくなれよ」と言って別れるまで抱きしめていたという。父や妻には「只只頼《たただだ》む」との精一杯の一言で、彼女たちも無事で生きていてほしいと願うのみであった。わずか三〇分の面会はあっという間に過ぎ、別れたものの兵舎に入るまで後ろ姿を見送った。四五年四月、夫はレイテ島で戦死した。

四四年五月、三重県久居《ひさい》の歩兵第三三連隊に応召した陸軍兵長は、面会に来た妻に「淋しそうな顔をして『征《い》きたくない。征きたくない』」と言った。彼女は「許されるものなら連れて帰りたいと思い涙が出てしかたがありませんでした」という。何も持ち込めなかった面会は思うように話もできないままあっという間に終わり、それからは葉書の一枚も届かず、夫は四五年二月、フィリピン・ルソン島で二五歳の若さで戦死した（三重県飯南《いいなん》

郡〕飯南町遺族会編『草々の詩　飯南町戦没者の記録』一九八六年）。

ちなみにこれより一年以上前の四三年一月、同じ三三連隊に入営した陸軍兵長の妻は同月下旬出発の二日前に面会を許されたが、この時の面会時間は二時間、持参した餅菓子を食べることも許されている（同『草々の詩』）。

四五年七月フィリピン・セブ島で戦死した神奈川県の陸軍兵長の妻も、前年の七月、面会のためよちよち歩きの長男と生まれて間もない長女を実母とともに連れて、午前五時ごろ平塚《ひらつか》駅から乗車した。東京都東部第八部隊の営門に着いたのが午前八時、肉親に会うために集まった人々で、木陰という木陰は一寸のすきもないほどにうずまっていた。午後一時過ぎようやく営門の扉が開き、三〇〇〇人余りの人々がひしめき合って入った。彼女は真新しい軍装の夫をみて、出動命令の下ったあとであることを直感、「体中の血が一時に引くような思いがした」（平塚市教育委員会編『平塚市戦没者名鑑』一九五九年）。面会は一〇分足らずで終わり、それが二人の最後の別れとなった。

悪化する戦局にともなって機密保持のためか面会時間は短縮され、妻たちは面会という機会の場を通じて、夫の前線行き＝永遠の別れを覚悟させられたのである。それがわずか一〇分程度のわずかな時間でしかなかったことは、なんとも悲しい。

同じような体験を、フィリピン・ミンダナオ島で戦死した東京都の陸軍一等兵の兄もしている。彼の弟は「内地の上空にも時々B29の機影が見え始めたころ」、つまり四四年中に歩兵として入隊、それから約一ヵ月後、外地へ出動することになったので面会に来るようにと隊から通知され、父親と二人で面会に行った。どの方面に行くのか聞いたところ、全然わからないとの返事だったが、「服装の具合などから南方ではないか」と感じたという。そして終戦後、出動してからはじめてきた便りが「昭和一九年一一月一七日、比島ミンダナオ島で戦病死」との通知であった（東京都秋川市遺族会編『秋川市遺族会誌』一九八六年）。

以上のように、具体的な行き先を告げるか告げないかは別としても、軍が前線への出動という機密保持の必要性に妥協してまで家族と兵士たちを面会させた例が複数あることがわかる。

前線への出動を前にした兵士が隊での面会ではなく、実家に帰って家族に最後の別れを告げた例もある。四三年三月に山形の歩兵連隊に入隊、四五年四月フィリピン・ルソン島で戦死した陸軍伍長（戦死時二三歳）の兄によると、弟が四四年の春先に突然休暇で帰って来たので、外地に行くのではないかと家中で心配したという。弟はそんなことはないと否定したものの、母に湯治《とうじ》に行くようにと幾ばくかの金を渡したことからも、すでに覚悟を決めていたことがうかがえた、という（山形県東田川郡）藤島町戦没者追悼誌刊行会編『藤島町戦没者追悼誌』一九八一年）。

弟たちの出発は極秘の中で行われ、部隊名も地名も不明のまま一年余り過ぎてから戦死公報が入り、初めて比島（フィリピン）に派遣されていたことがわかった。彼の連隊は機密保持に固執しつつも、面会は許して兵士の士気維持をはかったのである。「一年余りの外地の戦線で、一片の便りも受けず、また一枚の葉書も書くこともできず、何を考え何を想いつつ異国で死んでいったかと弟の胸の内を想い起こす」兄と死んでいった弟にとって、わずかな間とはいえ生家で会うことができたことは、せめてもの救いになったのであろうか。

ただし、面会の場からかいま見えるのは、夫婦や家族の愛情、思いやりだけではない。広島県のある女性は、継母の言いなりにその弟と結婚させられたが、彼は酒が好きで、召集令状が来て明日は出征という夜も、仲間と近所で飲み明かし、二人の息子、一人の娘、そして妻と最後の一夜を大切にするということもなく去っていった。夫から面会に来いという手紙が来るのは、彼女を思ってのことではなく、酒を持って来させるためであった

（広島県三原市戦没者遺族会婦人部編『征きて還らず』一九八七年）。

何回か酒の持参役として面会に行くうちに、夫はフィリピン・マニラに出征し、四五年二月二六日戦死の公報が届いた。彼女は「戦争で主人を亡くされた方々が、夫の思い出をいろいろ楽しかったものとして持っておられますけれども、私にはそういうものはありません」という。別れと面会の場面からは、当時の女性たちがおかれていた悲しい立場も浮かびあがってくる。

何の知らせもなく前線へ

いっぽうで家族に直接別れを告げられないまま、前線に行ってしまう兵士たちも多かった。

四四年一一月インドシナ沖で海没、戦死した陸軍一等兵の妻は、当時一家で大阪に住んでいたが、四四年七月下旬赤紙が来て、金沢の歩兵第一〇七部隊に（ママ）「八月三日入隊せよ」とのことであった。急いで能登《のと》の本家に引き上げ、親子三人身を寄せ百姓の手伝いをしていた。夫が金沢を立つ時、町（部隊ではない）から出した一枚の葉書に「後を頼む子供を頼む」と書いてあった。妻は「これで自分も最後になる。生きて帰れないと思ったのでしょう」という（石川県内灘町社会福祉協議会・内灘町遺族会編『内灘町戦没者記録誌』一九九三年）。彼は家族と直接会って別れを告げることができないまま南方へ送られ、一一月一五日乗船が潜水艦に撃沈されて戦死した。

四四年四月、フィリピン・マニラ沖で海没、戦死した北海道の陸軍上等兵は、四三年一〇月一日、旭川《あさひかわ》師団に応召入隊した。妻は同じ汽車に乗ってついていこうとしたが、ほかにも出征する兵士が多数おり、幼い子供三人も連れては無理だと言われて駅で別れた。翌年四月二一日に部隊長名で書留郵便が配達され、恐る恐る開封したところ、中身は写真と頭髪とわずかな郵便為替であった。「その為替に第四二野戦郵便局一九、四、六、とスタンプが押されてあり、私は胸が一杯になり、溜息をつきました」。この兵士もまたおそらく生きて帰れないと悟ったのだろうが、その思いが彼みずからの言葉で家族に告げられることすらなかったのである。彼は四五年八月、かつて別れた駅に無言の帰国をした（北海道滝川《たきかわ》市戦没者遺族記録発刊会編『平和の礎』一九八三年）。

ところが、通知も面会もなかったにもかかわらず、なぜか家族が肉親の行き先を知っている事例もある。四四年九月、マリアナ諸島グアム島で戦死した三重県の陸軍軍曹（戦死時三八歳）の妻は、四一年夏、「京都伏見《ふしみ》衛生兵」として応召したが、その後の様子は一切知らされず、もちろん面会も許されなかった。満洲に行ったことだけは、そこからの便りが三年間時々届いたことでわかった。その後、「連絡が途絶えて噂ではマリアナ諸島の大宮島《おおみや》〔グアム〕に渡ったとの事、新聞〔で戦況を〕を見る目も異様にな」ったという(〔三重県多気郡〕多気町遺族会編『帰らざる兵士たち　多気町戦没者の記録』一九八九年)。どこからか、部隊の行き先が漏れている。最前線への部隊移動という軍の機密はやはり守られていないのである。

なぜかくも部隊の行き先が洩れていったのかを示してくれる話がある。千葉県のある農村女性の兄は、戦車隊所属の下士官であった。彼は四四年七月、部隊が硫黄《いおう》島へ移動する直前、家事整理をしたいと休暇を申し出て、「軍隊のことは家人にも絶対に話さないことを約束」し、一日の帰宅を特別に許可された。兄は仲のよかったいとこにだけ行き先が硫黄島であることを告げ、それは当然のことながら家族全員に伝わった(高岡なを『人生記録コスモスの記　五人の戦死者を出したある農家の一〇〇年』文理書院、一九六九年)。

四五年二月硫黄島に米軍が上陸、やがて玉砕《ぎょくさい》が新聞で報じられると、「ああ、とうとうだめか」と何とも言葉には表せない悲痛な思いが一家を包んだ。同書の題名にあるように、五人いた彼女の兄は、全員日中戦争、太平洋戦争で戦死してしまった。

四四年八月、グアム島で戦死した長野県出身の海軍上等機関兵曹がいた。兵曹から送られてくる軍事郵便の住所がある日突然「ウ一〇二のウ一〇二」に変わってしまい、驚いた父親が役所などを何ヵ所も聞いてまわったが結局それがどこなのかわからなかった。ところが四三年夏、本家の陸軍少尉（兵曹は分家）がグアム島に移動した時に偶然兵曹と出会い、彼の知らせで前記の住所がグアムであることが判明した（長野県〕中野市遺族会編『平和へのいしずえ』一九九五年）。

前出の三重県多気町出身陸軍軍曹の行き先に関する「噂」も、これらと似たような経緯を経て家族にまで伝わったのではないか。

面会が許されたのに

ある意味でもっとひどいのは、面会が許されたにもかかわらず、それができないまま、前線に行かされた兵士と家族たちの話である。

一九四四年六月応召、四五年六月にフィリピンで戦死した陸軍兵長の妹は、入営一ヵ月近くしてから近々戦地へ行くことを知り、母と村人四、五人で夜汽車で東京に行き、知らない町から町を乗り物を乗り継いでやっとの思いでたどりつき、面会を頼んだところ「ここでは目立つから草陰で待て」と言われて七時間待ったが会うことができなかった。日が暮れて近くの民家に一夜の宿を頼み、翌朝はじめて昨夜兵隊がたくさん戦地へ出発したことを知り、母とともに泣いた。あれもこれもと食べ物をたくさん持って行ったが、がっかりして一度に気力が無くなり、連れ立って行った人たちにみな食べてもらった

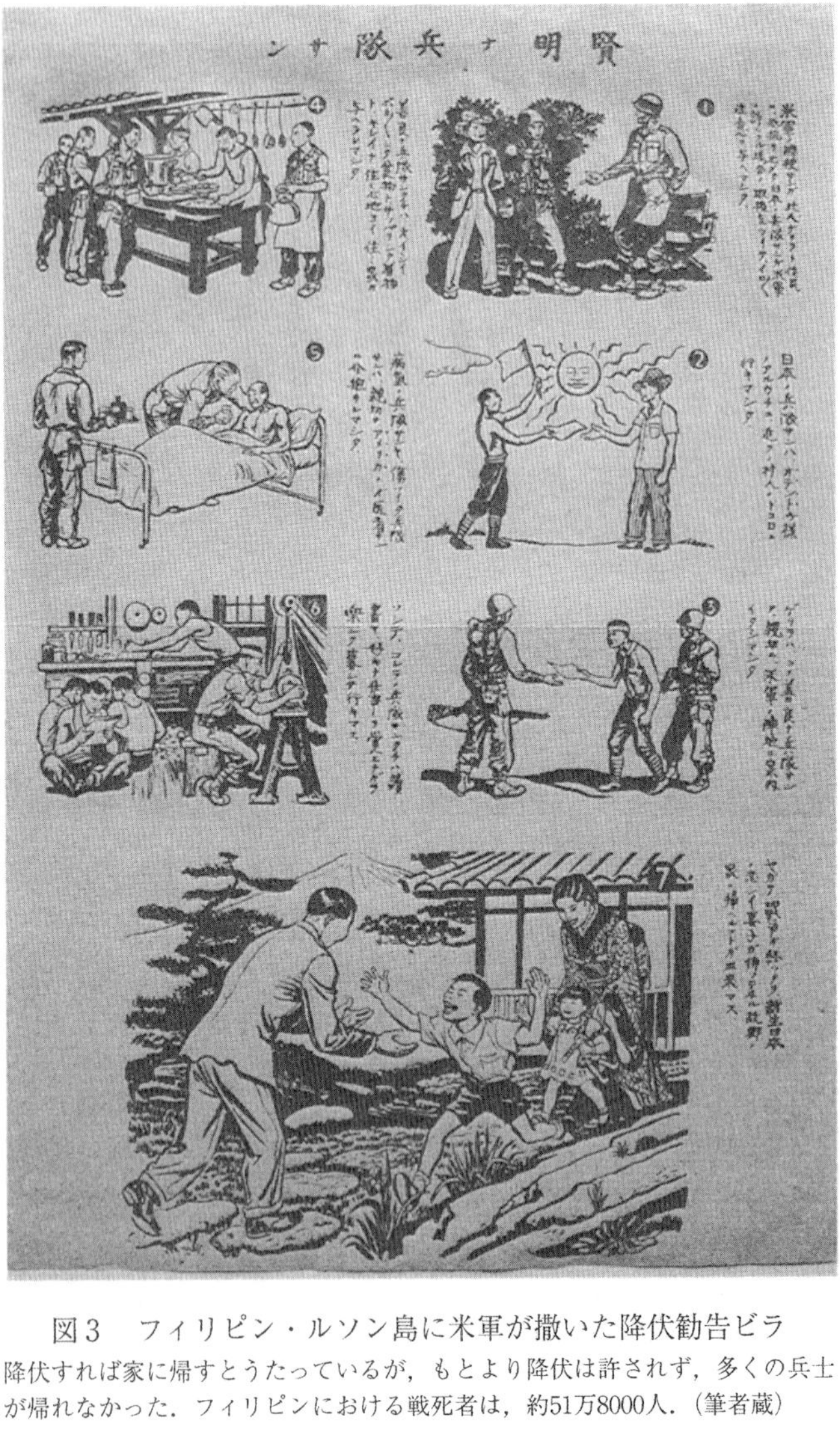

図3　フィリピン・ルソン島に米軍が撒いた降伏勧告ビラ

降伏すれば家に帰すとうたっているが，もとより降伏は許されず，多くの兵士が帰れなかった．フィリピンにおける戦死者は，約51万8000人．（筆者蔵）

（石川県河北郡）内灘町社会福祉協議会・内灘町遺族会編『内灘町戦没者記録誌』一九九三年）。

同じくフィリピンで戦死した神奈川県の陸軍兵長の妻は、夫が四四年六月応召、七月半ばに「今日の一一時より一二時の間に面会に来い」との速達をもらったものの、残された時間はわずか三時間足らず、産後の肥立《ひだ》ちが悪かったため夫の兄に行ってもらったが、結局会えないまま戦地に行ってしまった。夫は面会に来ることのできた同郷の戦友の妻に伝言を頼み、「うちでは多分来れないでしょうと思いましたけど、元気で発《た》ったからと伝えていただきたい」とさびしそうに笑ったという（神奈川県）平塚市教育委員会編『平塚市戦没者名鑑』一九五九年）。

なぜ面会を許しておきながら、このような粗略な扱いになるのだろうか。その理由をうかがわせるのが、四五年四月、ニューギニアで戦病死した長崎県大村の陸軍兵技兵長の妻の体験である。彼女は四三年一二月、最後の面会ができるからとの知らせを受けて、一家四人に甥《おい》も連れて門司《もじ》まで行った。一行は幸運にも隊列中の夫に出会い、歩きながら話をすることができたが、大勢のなかで、息子をあるいは夫を探して名前を呼ぶ人たちに憲兵があびせた、「この中にスパイがいないとも限らない。自分の夫、親兄弟が可愛かったら、早く引きあげなさい」という言葉は今も忘れられないという（大村遺族会編『ふりむいて』

一九九五年）。

この言葉のせいで「折角ここまできながら、肉親に会うことができず、無念の思いで帰ってゆく人たちが大勢いた」。つまり、面会を許しておきながら、やっぱり機密の漏洩《ろうえい》は困るといって追い返してしまっているのである。軍の上層部で決めた方針が下の方には伝わっていないのか、あるいは機密保持と面会の関係について一貫した方針がそもそもなかったかのいずれかである。

憲兵の「自分の夫、親兄弟が可愛かったら……」云々の発言は、こうした騒ぎがスパイの目にとまれば出航した夫・肉親の船が襲われて沈められる、という意図によるのだろう。それは確かにひとつの考え方ではある。だがそれならばなぜ、面会を許したのか。軍のやり方は、余計に残酷なものとして家族たちの眼に映った。

実は軍中央の側も、こうした各部隊の失態には懸念を示していた。一九四四年三月一八日付けで陸軍省副官が陸軍一般に出した「帰省、面会等の指導に関する件陸軍一般へ通牒」（防衛庁防衛研究所図書館蔵『陸普綴陸軍被服』一九四四年）は、帰省や面会は「我が家族制度の美風に基《もとづ》き肉親と団楽の中、その至情に発する鼓舞激励によりて愈《いよいよ》発奮の機会を与え、挺身殉難の気魄《きはく》を助成すべき志気《ママ》昂揚の手段」であるにもかかわらず、その実施に「徒《いたずら》に消極に堕し適切ならざる向」がある、ことに面会には「規整及び部外との連携的確ならずして混乱錯誤を惹起し、却って軍民離反の素因を醸成しある事例」に乏しくない、だから適正に指導せよ、と指示している。

ではこの指示は守られたのか。答えは否である。福井県大飯《おおい》郡大井《おおい》町在住の兵士の妻は一九四五年一月、自宅から京都の部隊へ一家五人と親戚連れだって「内地を離れる最後の面会」に行くと、一時か二時ごろまで待たされたあげく、二人の軍人が出てきて高いところからメガホンで「本日は面会中止」と告げられた。「黒山の家族の中からは、悲痛な叫び声が飛び出し大変な騒ぎ」となった。その後しばらくして夫から便りが届き、「あの黒山の中にかわいい子供、妻がいたのにとあきらめていたとき、やさしい隊長さんの計らいで自分に貰ったみかん、菓子を子供にやりたいと思って、もしかして駅へ行って見ると後影もなく帰って写真をみてあきらめた」と書いてあった（福井県遺族連合会『福井県遺族連合会四十年のあゆみ』一九八八年）。軍中央の指示が守られることはなかったのである。

ささやかな抵抗

面会できなかった兵士たちは、前線への出動をなんとか家族に知らせようとした。四五年四月一三日、中国河南省で戦死した北海道の陸軍軍曹は、四四年八月になんの連絡もなく秘密に出発したが、砂川の踏切で煙草の空箱に

「外地に行く」と一言書き、それを車窓から落としたのを偶然近くにいる妹が手に入れ、はじめて旭川を出たことがわかった（〔北海道〕滝川市戦没者遺族記録発刊会編『平和の礎』一九八三年）。

四四年六月弘前山砲兵連隊に入隊、その後船舶砲兵連隊に転属し、四五年五月東シナ海上で戦死した山形県の陸軍上等兵（戦死時二二歳）の妻は、入隊して間もない八月二〇日ごろ面会に行った。夫から面会に来いとの知らせを受けとったらしく、そこでは「戦地に出ることは書けないので、それらしい内容（暗号）で知らされた」という。夫は一日の休みをもらって面会してくれた。「その時は米代《よねしろ》川の手前から帰ってこいと命令されたと言っていい」たと回想にあるので、営外で時間を過ごしたようである。部隊は間もなく戦地に向かうことになり、夫が門司に向かう軍用列車の中から落としたものか、藤島町の鉄道踏切の付近に「難波善一戦地に向かう」と書いた煙草の箱があったので、部落の人が拾って届けてくれた（〔山形県東田川郡〕藤島町戦没者追悼誌刊行会編『藤島町戦没者追悼誌』一九八一年）。ただし、彼らのメッセージが家族のもとにとどいたのはまれな幸運であり、届かなかった煙草の箱のほうがはるかに多かったであろうことは、容易に想像できる。

四五年に戦死した愛知県出身の一兵士の息子が記している回想談は特異なものである。

四四年、彼が生まれる数ヵ月前、戦地に立つ直前の父から家に葉書がきた。内容は母へのいたわりの言葉であったが、宛名には谷口金子（母の名）方「民田尚行様」と書かれていた。家中の者には意味が分からなかったが、妻だけはそれが「ミンダナオイク」つまりフィリピンのミンダナオ島へ行くという意味であることがわかった。出征前に打ち合わせておいたのだろう。母は、その後生まれてきた息子（＝彼）に「尚行《なおゆき》」と名付け、それが彼にとって「父よりの最後の贈り物」となった（愛知県遺族連合会青壮年部編『みちのり遙か太平洋戦争戦没者二世がつづる昭和』一九九三年）。

福井県出身の陸軍上等兵の弟の回想によると、兄は四四年四月東京の部隊に応召、三ヵ月後満洲ハルピンから写真を、同年九月ごろ見知らぬ女性の名前で九州のある所から投函された「いま九州に来ている。近いうちに南方方面に出発する」という内容のごく短い手紙と、形見となった郵便貯金通帳を送ってきた。家族とひとめ会うこともできないまま、軍の目をぬすんでひそかに別れを告げたのである。通帳を送ってきたのは、もう生きて帰れないことを予期していたからではなかったか。兄からの便りはそれで途絶え、次に来たのは「昭和一九年一〇月一四日、比島マニラ西方約一四〇浬《かいり》付近で戦死」との公報であった（〔福井県坂井郡〕三国町遺族連合会『祖国の華』一九九一年）。

士気高揚の見地から面会を奨励されたにもかかわらず、そもそもやる気がなかったり、あるいは中途半端に機密保持に固執した末端の部隊幹部の無定見のせいで、多くの家族が肉親に会えなかったり行き先を知ることができないまま、放置されていったのである。

別れを告げに帰る

戦後の遺族会誌などを読んでいると、死ぬ間際の兵士がそのことを家族たちに伝えに来た、という回想談によく出会う。そうしたいわゆる「虫の報せ」については、松谷みよ子氏による聴きとりがこれまでに紹介されている（松谷一九八七）。ここでは遺族たちの話のいくつかを、出所がより明確な事例として紹介しておこう。

三九年五月、中国で戦死した石川県内灘町出身の陸軍伍長は、家族がある日畑で作業をしていると、天秤棒《てんびんぼう》がぽきりと折れたので縁起が悪いと心配していたところへ戦死の公報が届き、虫の報せだったと畑から泣き泣き坂道を転げおちるようにして帰宅した（伍長の同級生の談話、内灘町社会福祉協議会・同町遺族会編『内灘町戦没者記録誌』一九九三年）。

同じ内灘町出身、四五年一月ミレー島で戦死した陸軍伍長の弟によると、母が寝ていたら仏壇がひとりでに開いたので、母は兄が帰って来たと言った。後で分かったことだが、この日が戦死した日と同じであった（前掲『内灘町戦没者記録誌』）。

一九四二年五月、北支臨汾《ほくしりんふん》の陸軍病院にて戦病死した、山形県出身の陸軍上等兵（戦死時二四歳）の義姉の談話によると、戦病死の公報が入る前のある日、ミシミシと家鳴りがし、仏壇がガタガタ揺れ、お供物も朝には仏壇から離れた所にあったなど不思議なことがあった。それが公報の入る前ぶれで、「先祖の仏様に予感があったのではないか」と思ったという（山形県東田川郡）藤島町戦没者追悼誌刊行会編『藤島町戦没者追悼誌』一九八一年）という。

『藤島町戦没者追悼誌』には、同様の回想談が多い。四五年三月、フィリピン・ルソン島で戦傷死した山形県の陸軍兵長（戦死時二二歳）の妹は、戦死したと思われる二、三日前、兄の霊が枕元に現れて、じっと見つめられたことを覚えているという。彼女は自分の死後、両親を頼むという願いの現れだったのかと後日つくづく感じて家を継ぎ、仏を守ることにしたのだと語る。四五年一〇月、北京の病院で戦病死した陸軍曹長（戦死時二三歳）の姉は、戦死公報が入る前の晩、母の夢のなかに骨箱の上に軍帽が乗って現れたそうで、終戦になっても病気で帰れぬ残念な思いが家に届いたものと話したという。

四四年七月、サイパン島で戦死した長野県の陸軍兵長の妻は、夜明けごろ蚊帳《かや》の外に制服制帽姿の夫が立っていたので「帰ってこられました」と声をかけると、「サイパン島へ行ったがこんな体になって仕様がないよ」と答えて姿が消えた。その晩、ラジオでサイパン島玉砕のラジオ放送があった（〔長野県〕中野市遺族会編『平和へのいしずえ』一九九五年）。四四年八月に中国で戦死した三重県の陸軍兵長の姉は、応召見送りの帰り、新しい草履《ぞうり》の鼻緒《はなお》が切れたことや、戦死当日の四四年八月三一日「朝五時あの元気な弟がしょんぼりした姿で私と主人の枕元に現れ」、最後の別れに来たと思ったことを回想する（〔三重県多気郡〕多気町遺族会編『帰らざる兵士たち　多気町戦没者の記録』一九八九年）。

家族たちは、肉親の身を常に案じつつ、不安な日常を送っていた。兵士たちも死の瞬間まで家族を思っていただろう。そうした揺れる心と心が、波濤を超えて感応したのであった。

遺族となって

その生活実態

葬儀から日常へ

最期の状況記録

兵士の死はどのように家族たちに伝えられ、彼・彼女らは遺族となっていったのだろうか。岐阜県升田郡金山町の金山遺族会が一九九六年編纂した『さきもりの声　戦争体験の記録』は、一九四一年七月二四日、中国山西省の戦闘で戦死した独立歩兵第一二大隊所属の高木幹雄曹長（戦死時二四歳）が戦地からその死を伝えられ、町葬が行われていくまでの過程を示す四点ほどの史料を掲載している。ここでは同書に依拠して、その過程をみていきたい。なお、高木曹長は三九年現役入営して幹部候補生（兵のうち中等学校以上の卒業者を志願させて将校・下士官とした制度）となり、下士官にまで累進した人物である。

高木の死の第一報は、①七月二五日付けで中隊から送られてきた葉書であった。これには「御令息幹雄君この度（二四日）〇〇の討伐において勇躍敵陣に突入赫々《かくかく》たる御武勲を樹《た》てられ遂《つい》に壮烈なる戦死を遂げられました　実に立派な働きでした　ご一同様の御愁傷如何《いか》ばかりと御推察申し上げます」とある。

鬼のような上官が新兵たちに「一銭五厘の葉書でお前たちの代わりはいくらでも連れてこられるぞ」と怒鳴った、という話をよく聞く。召集令状が葉書でとどけられることは絶対にないので、この話に根拠はない（黒田俊雄一九九八）のだが、このように戦死を告げる第一報が葉書で伝えられたことが、どこかで召集令状と勘違いされて今日まで残っているのではないだろうか。

第二報は、②中隊長の中尉が直々に記した書簡であった。彼は「第一分隊長幹男殿は敵の最右翼を衝《つ》かんと小隊の最右翼にありて敵の十字火及び手榴弾炸裂《しゅりゅうだんさくれつ》の中に勇猛沈着《ゆうもうちんちゃく》敵に大打撃を与え、機熟するや率先陣頭に立ち、分隊を引っ提げ猛烈果敢《もうれつかかん》なる突撃を敢行し、遂に該高地を奪取、尚《なお》も退退《ママ》する敵に対し追撃に移らんとせし刹那《せつな》、第二陣地より飛来せる猛射の一弾を不幸腹部に受け壮烈極まる御最期を遂げられ候」と述べ、こうした奮戦の結果中隊は高地を確保、敗走する敵に大打撃を与えた、と死者の功績をたたえている。

しかし高木の父親は、最期の状況をもっと詳しく知りたくて息子が属していた小隊の小隊長（曹長）や中隊長に手紙を書いたようである。これに応えて、Ｂ４用紙三二枚にわたる③「沁県古県鎮付近掃滅戦戦闘詳報」の写しが九月五日付けで隊から送られてきた。戦闘詳報とは部隊が戦闘後、戦争の経過を詳細に記して直属上官に提出する資料である。軍の公式書類までが遺族のもとへ届けられたのである。

さらに九月一八日付けで④小隊長（曹長）代理の者から書簡が送られてきた。これは遺品を返送する時に同封されていたものである。前掲の中隊長書簡と内容は類似しているが、戦死の場面に直接立ちあった者の立場から、その経過をより詳しく述べたものである。高木は敗走する敵二名を血祭りに上げ、敵弾を腹部に受けたが、剛毅《ごうき》な彼は部下を激励して高地を占領した。部下の兵長が手当てをしたが一言も苦悶の言葉を漏らさず、敵が敗走して中隊主力が追撃していることを聞くと責任をまっとうしたと安心したのか「天皇陛下万歳」と唱えて死亡した。末期《まつご》の水もこの兵長らがとった。手紙は高木のような「尊き礎石に依って北支は日に月に治安は回復され明朗化しつつ有ります　幹雄殿の復仇は必ずやります」と結ばれている。

一〇月九日、高木の町葬が執行された。町長は、「君知るや知らずや皇軍の戦果は今や支那中南北支に将又《はたまた》仏印に発揮し攻むれば必ず取り戦えば必ず勝ち遍《あまね》く皇道を宣布せり之《こ》れ偏《ひとえ》に君の忠誠勇武の賜《たまもの》なり」といった内容の弔文を朗読した。軍の上官と同様、故人の死の意義づけ――国への貢献――に腐心した内容である。これらの賛美のことばを聞かされるなかで、遺族たちは社会的意味での遺族となっていったのである。

ところで、④の書簡、遺品類には三枚の写真が同封されていた。故人が生前に撮影した歩哨《ほしょう》、戦友の撮影による故人が被弾した戦闘地帯の風景、故人の荼毘《だび》を執行している場面の三枚である。これらをみることで、故人の戦死という事実は疑いようのない事実として遺族にうけとられたであろう。

肉親の死の受容

肉親の死を突然迎えることになった遺族たちの心境とその変化について、当時の有名な仏教指導家友松円諦《ともまつえんたい》は「遺族と修養」（軍事保護院編『遺族家族指導嘱託講習会講義録』一九四三年）という文章を著している。彼はこの時期、遺族の「精神指導」にも従事していたと思われる。「遺族家族指導嘱託」とは、一九三九年以降婦人を各道府県嘱託として採用し、遺族家族の生活指導にあたらせた制度である（その業務については後述する）。

友松は戦死の知らせを受け取った遺族の心情を、「〔戦死を知らせる〕電報が来てびっくりしていると、そこへ在郷軍人分会長が来て名誉のことでございました。流石《さすが》に武人の妻ですとほめられる。その次には護国英霊の神様の奥さんとせり上げて来て泣く訳にいかなくなる……覚悟しておりましたといって御辞儀をする。段々強くなって今更《いまさら》泣けなくなる」と述べている。

いみじくも前掲『さきもりの声』編者が高木曹長の死に関して、「軍国の道を突き進んでいた一時代においては愛するわが子やわが夫の死にやむなく出会わされたとしても、いたずらに涙を流すことはできなかったであろうし、悲憤の怒りのやりばを見つけるわけにもいかなかったであろう。となれば、様々な言葉で讃《たた》えられる『散華』の美意識に甘んじて、己の慟哭《どうこく》を己自身で昇華していくしか仕方なかったのではあるまいか」と述べているように、町村挙げての盛大な公葬はまさに遺族たちの悲嘆を隠蔽《いんぺい》・抑圧する役割を果たしていったのである（図4）。

しかし葬儀が終わって落ち着き、訪れる者もなくなると、遺族たちを待っていたのは終わりなき日常であった。そのなかで遺族たちはいろいろと思い悩むことが多かった。

友松によると、遺族には「自分の家だけ貧乏籤《びんぼうくじ》を引いた、何故俺の家だけ戦死したか、あそこの魚屋の息子は戦死しないか、あの家の子は一緒に出て行ってぴんぴんしているの

図4　盛大な村葬

1939年，滋賀県のもの．「嗚呼青木上等兵」と題する絵はがきの一部．(筆者蔵)

に家の子は戦死した」などと「僻《ひが》む」心情が生まれてくるという。とはいえ、だいたい一年後には「転心」して「家はまだよいのだ、七十五のお婆さんがたつた一人の息子を戦死させてしまって寄る辺《べ》もなくて困っているという、家はまだよいのだ、下には下がある。家はまだよい方であるということをいい出すようになる」、遺族の精神生活というものはこういう風に変わっていくべきなのだから、指導者はこのことをよくわきまえて遺族の指導にあたってもらいたい、とされている。

確かに、多くの遺族たちがやがては肉親の死をあきらめ、受け容れていくことになったのだろう。ただそれが「下には下がある」という心理のもとに進められるべきとされたのは、当時の遺族政策が決して「国家への貢献」や名誉というお題目だけで押し通そうとはしない、ある種現実的なものだったことを示す。

内務省警保局『思想月報』六四号（一九三九年一〇月）に掲載された、「自昭和一三年至昭和一四年六月大阪控訴院管内支那事変に因《よ》る社会情勢調査書（大阪控訴院検事局報告）」（以下、『思想月報』六四号調査と略記）は、友松の示す遺族像によく似た遺族たちの肉声を多数拾っている。神戸地方のある遺族は、「人々より慰められ励まされたのも当座のことで、近頃では毎日仏前で泣いている。どんな不具の身でもよいから生還して貰《もら》いたかった」と嘆く。

だが、しだいにどこかで諦める気持ちが生じてくる。京都地方在住の一兵士の母は、「息子が戦死してから今日まで夢中で暮らして来ました。当時は軍人の母として溢《あふ》れ出る涙をじっと押さえ涙を見せまい、愚痴《ぐち》も言うまいと思い緊張して来たが、その為にか身体中に棒でも立っている様な気がしてならぬ。しかし皆様のお世話で村葬までしてもらい、死花が咲いたのだから満足に思わねばならぬ、不慮の災難で死ぬ人の事を考えてはいつも思い直しております」という。町村葬が肉親の死を名誉なものとして、あるいは「下には下がある」として甘受させる機能を果たしていたことが分かる。

いったん死を甘受してしまうと、今度はその見返りを求める意識が生まれてくる。夫や息子は国のために命を捧げたのだから、納得のいく代償を与えてもらわねばならない、というのである。

大阪市浪速《なにわ》区在住の戦死者の父（六七歳）は、「戦死した息子と同じ様な青年が工場等で沢山金を儲けている事を考えると、何だか自分等丈《だけ》が馬鹿見た様な感じがします」という。自分にも息子が生きていた時と同じだけの収入が得られるよう、はからってほしいといいたいのである。

大阪市旭《あさひ》区の戦死者の父（四七歳）は、戦死直後は銃後の人々から懇切な弔《ちょう》意《い》があったが、近頃では国民の態度が変わり、なかには「息子の戦死で成金になった」という者まであり、一般に冷淡になったと批判する。興味深いのは、彼が「当局は領土的野心は無い等と主張されておるが、多数の犠牲者に対しても十分の代償を取り、我等遺族が永久に慰められる様にして欲しいものである」と語っていることである。戦争で大勢死んだのだから政府は責任をもって中国から代償をとれというのである。のちの一九四一年、日米交渉の過程で日本陸軍は国民が黙っていないという理由で中国からの撤兵を拒否し、結果として米英相手の戦争に突入していったが、そうした陸軍の危惧はけっして根拠を欠くものではなかったといえよう。

大阪市住吉《すみよし》区の戦死者の母（五一歳）の息子は戦死がもう三日も遅れたら伍長になるところで、その後で戦死していれば軍曹になるはずだった（戦死すると一階級進級する）と帰還してきた戦友に聞き、「悪いことを聞かして貰った」と思っている、と語る。「御上に捧げた息子の戦死をそんな気持で眺めることは実に済まないと思いますから」。恩給の額は階級が上がるほど増える。息子の命は金にかえられない、悲しいことだと思いながらも、いっぽうでつい欲を出してしまう、彼女はそんな自分を責めて、息子に「実に済まない」

と言っているのである。

兵士の側も、後述するように自分が死ねば家族に多額の恩給扶助料が入ることを自覚していた。太平洋戦争勃発後まだ間もない一九四二年一月八日入隊した岐阜県益田郡金山町の陸軍兵士は、弟に、「二朗、兄ちゃんがなあ、親孝行にでもなったらなあ、この家のことを頼むぞ」とささやいた。彼は自分が戦死して金が入ることを「親孝行」と認識していたのである（前掲『さきもりの声　戦争体験の記録』）。

この回想談は、戦前の兵士が自己の従軍＝戦死をどういう文脈で納得していたか、という問題に直結する。たしかに「国への貢献」は、先の高木曹長の事例においてみたように、兵士やその肉親が戦争での死を意味づけていくうえで重要だった。しかしそれだけではやはり不足なのであり、親孝行＝家族の生活への貢献という要素もまた欠くことができなかった（兵士の親も息子の戦死を「親孝行」と意識していたことは、上野英信一九七二が指摘している）。

ただ、ここで忘れてはならないのは、彼らは必ずしも「親孝行」したいからと主体的に死地へ赴いたのではない、ということである。弟は、「その時の兄は、たしかに瞳を潤ませていたような気がしてならない」という。彼は跡取りとして死にたくはない、しかし入隊＝前線行きは逃れられない、という葛藤のなか、それを「親孝行」という文脈で納得しようと努力していたに過ぎないのである。当時の家族における戦死の受け入れられ方とは、以上のようなものであった。

命の値段

働き手を失った遺族の生活を経済面から支える諸制度を国は用意していた。その内容を、ここでは一九四〇年に書かれた厚生省事務官青木大悟『軍事援護の理論と実際』（南郊社、一九四〇年）から述べることにする。

遺族に対する経済的扶助

したがって、以下の記述はすべて一九四〇年時点での話である。

戦死者（この場合、戦傷病死者も含む）の遺族には、恩給法により扶助料が年金として支給される。この場合の「遺族」とは死亡時同一戸籍内にある祖父、祖母、父、母、妻、子および兄弟姉妹をいう。ただし兄弟姉妹は、「未成年もしくは不具廃疾《ふぐはいしつ》で生活資料を得るの途なく、かつこれを扶養する者なき場合に限り」、一回限り支給される一時扶助料のみをうけとることができる。事実上の親・子や内縁の妻は同一戸籍に入らない限り受給できない。扶助料の金額は、陸軍上等兵（もしくは海軍二等兵）が戦死した例でいうと、遺族二人まで年額三二四円、三人四〇五円、四人四三八円、五人以上四七〇円。もちろん、階級が上に行くほど額もあがる。

扶助料は遺族中一人の名義で給付される。もちろん遺族全体に給付されるのが建前であるが、手続き上、権利者となる者の順位は①妻、②未成年の子、③夫、④父、⑤母、⑥成年の子、⑦祖父、⑧祖母、であった。妻が一位となるのは「英霊《えいれい》の子」を立派に育てよ、という国の意図にもとづいていた。しかし実際には、後述するように分け前をめぐって家庭内紛争が多発した。

この扶助料とは別に、死没者特別賜金が一時金として与えられた。陸軍上等兵（海軍二等兵）戦死の場合一四〇〇円、病死の場合は一一〇〇円である。従来現金支給であったが、一九三八年八月からは公債《こうさい》で給付された。

この特別賜金とは別に、死亡賜金という一時金も与えられた。陸軍上等兵の場合で一八〇円である。また埋葬料もあり、陸軍の兵（憲兵上等兵を除く）の場合、三七円五〇銭である。「武功抜群なる者」には、金鵄《きんし》勲章および年金（最下位の功七級で年一五〇円）が与えられ、功績がそれほど顕著でなかった者にもそれぞれ相応の行賞《こうしょう》賜金が与えられることになっていた。

このほか、遺族には軍人遺族記章（図5）の授与、靖国《やすくに》神社合祀時の招魂式《しょうこんしき》参列（鉄道運賃無賃乗車証の交付、参拝補助費、記念品などの贈呈）、煙草・塩・アルコール小売営業指定の優先的取り扱い（遺族は優先的に煙草屋などにさせてもらえる、ということ）、相続税免除などの税の減免、授業料・託児料の減免など、多くの特権が与えられていた。

生きていかねばならない遺族と「軍事扶助」

「戦死の見返り」の大きさを遺族たちは確かに実感していた。例えば前掲『思想月報』六四号調査によると、大阪府泉北郡の故海軍三等兵曹の兄（三二歳）は「一時金やその他で二千一百円ほど頂きましたが、申し訳ない事ですが今までの負債を整理して残金一千円程を預金しております」と述べており、不満の念を示してはいない。

兵士の側も、自分が死んだら多額の金が与えられることを自覚して、それを家族の誰が受けるかまで決めていくことが多かった。藤井二〇〇〇が紹介した、岐阜県郡上《ぐじょう》郡白鳥《しろとり》町『白鳥町戦没者の手紙』（一九七六年）の中には、家族の生活を思いやる内容の「遺書」が複数収録されている。一例のみを挙げると、一九四四年一二月、フィリピン・レイテ島

図５　軍人遺族記章と靖国神社合祀通知
いずれも桜の意匠をあしらい，国のための死を美化している．（筆者蔵）

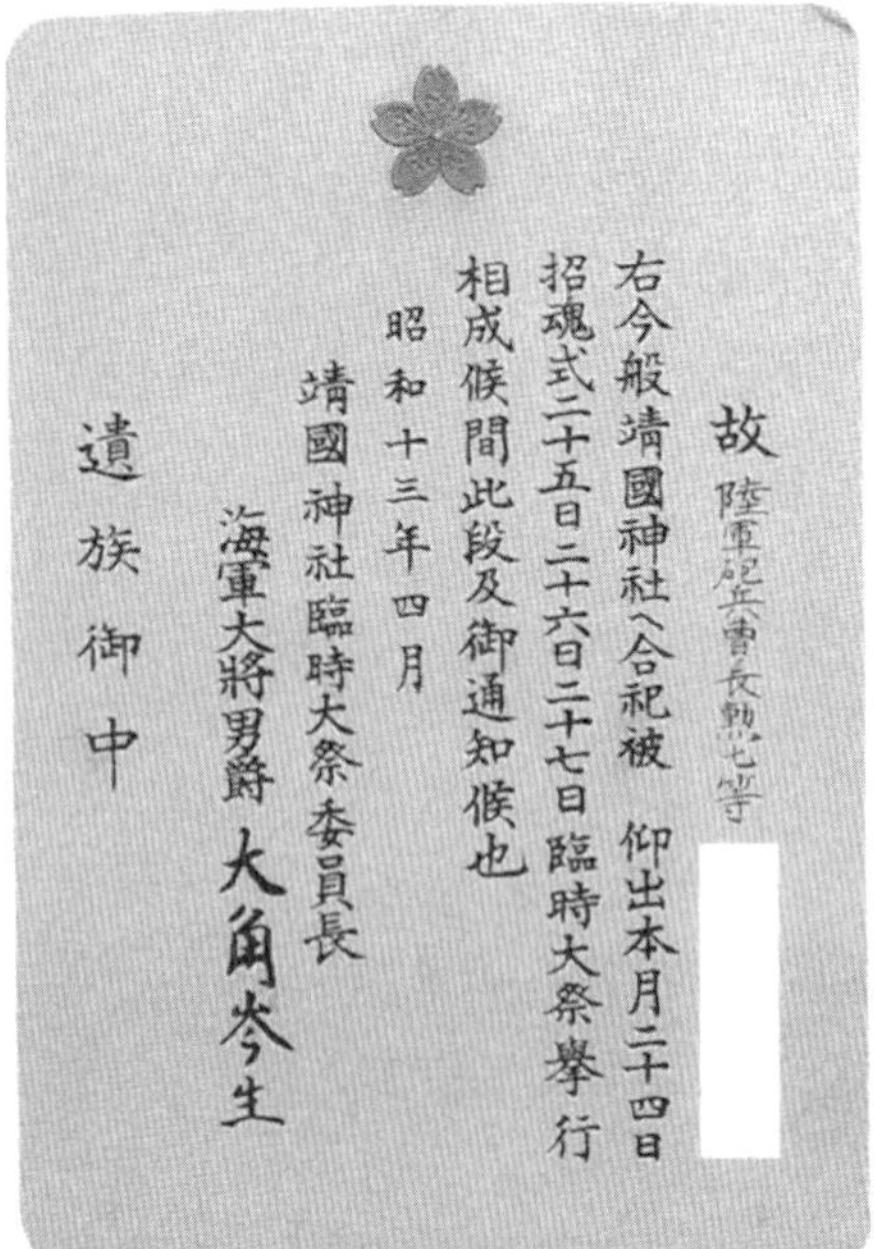

故　陸軍砲兵曹長勲七等

右今般靖國神社へ合祀被　仰出本月二十四日
招魂式二十五日二十六日二十七日臨時大祭擧行
相成候間此段及御通知候也

昭和十三年四月

靖國神社臨時大祭委員長
海軍大将男爵　大角岑生

遺族御中

にて三〇歳で戦死した陸軍兵長は父宛ての遺言状に、「一、妻子に関する事。小生死後妻の一身については、出征中の弟無事帰還致さば、弟と共に当家の相続をせられたし。もし弟戦死致さば小生長女ひろ子、満一歳後において、両親、妻の両親ならびに当家の親戚一同相談の上、妻の意見も尊重致し、双方納得の上これを処分せられたし。一、賜金ならびに扶助料に関する件。右金は長女の学資金として貯蓄なし置くも、万一都合上妻を里方にて引き取らる場合は、右金額に該当する五割を妻に渡されたし」などと書き遺している。

ただ、ここで注意すべきは遺族たちが皆ひと財産を形成できたわけではなく、一時金をすべて借金返済に充ててもなお不足、ということも多かったということである。前掲『思想月報』六四号調査に出てくる大阪府中河内《なかかわち》郡の戦死者の妻（三三歳）は「貧乏な私共は今後どうしてやって行けるのか心配です。去年の秋の収穫時には青年団や付近の人々の御情で収穫は済みましたが、夫が出生前の借財があったので之を返済する為米は売り払い、役場へ御願いして軍事扶助《ふじょ》を頂いておりますが、子供が多く、私も子供に手がひけて仕事が出来ず今後が心配です」と述べている。

扶助料だけでは日々の生活費をまかなうことのできない貧しい遺族も、とくに階級が低い兵士の遺族に多かった。同じく『思想月報』六四号調査中、和歌山地方からの報告が、同じ戦死者遺族でも将校と下士官以下とを比較すると、前者は在営当時より相当収入があって家計上支障ある者は少ないのに、後者は貧しい家庭の者が多く、戦死後の遺族扶助料にも相当の懸隔があるので物心両方面におよぼす影響も相当差異があると思われる、と述べているのは、この間の事情を示唆していよう。

そこで遺族中、扶助料や特別賜金をうけてもなお生活困難な者に対しては、一九三七年従来の「軍事救護法」を改正した「軍事扶助法」という法律によって「生活扶助」をはじめとする各種の扶助が行われることになっていた。前頁の『思想月報』調査に収録された大阪府中河内郡戦死者妻の談話中の「軍事扶助」とはこれをさす。

「生活扶助」とは生活費の支給であり、その額は在宅の場合六大都市では一人一日六〇〜五五銭以内、人口五万以上の市では一人一日四二銭以内、同五万未満の市では四〇銭以内、町村三五銭以内、ただしとくに必要ある場合は増額可能とされていた。そのほかの同法による扶助には、職業をあたえて自活させる生業扶助、助産・医療などがあった。

もっとも軍事扶助法の恩恵を受けることができたのは、あくまで戸籍上の妻や子であり、内縁関係にある者はイエ制度堅持の観点から排除されていた。そこで彼・彼女らの救済にあたったのが民間団体たる恩賜財団軍人援護会であった。同会は一九三八年一一月、既存の大規模民間軍事援護団体を統合して設立され、総裁は皇族朝香宮《あさかのみや》、会長は陸軍大将奈良《なら》武次《たけじ》であった。全国道府県に支部を置き（支部長は地方長官＝知事、朝鮮・台湾には実質的支部である本部を設置）、天皇からの下賜金三〇〇万円と全国からの寄付金、国庫補助により、軍事扶助法が適用されるまでの繋《つな》ぎの援護、同法適用外者への生活援護、育英などの事業を活発に行った。

翌三九年一月、政府は全国の各市区町村に銃後奉公会なる銃後後援団体を設立させ、区域内在住の全戸主を会員として会費を徴収、兵士の遺族家族に対する生活援護や慰問などの活動を行わせた（その活動実態は、一ノ瀬二〇〇四を参照）。同会には軍事援護相談所も置かれ、遺族家族からの各種相談にのった。

さらに同年七月、政府は既存の厚生省臨時軍事援護部と傷兵保護院を統合、新規に軍事保護院を厚生省外局として設置した。同院の総裁には陸軍大将本庄《ほんじょう》繁《しげる》が就任、以後政府の軍事援護政策全般を統括する官庁として敗戦まで活動した。これら一連の政策は、戦争の長期化をにらんで援護政策の充実、合理化をめざしたものであった。

遺族の生活実態

神戸市社会部は一九三九年八月、『支那事変に依る戦没者遺族生活状態調査』を作成した。同調査から、都市における遺族たちの生活実態を観察していこう。もちろん農村では事情が異なることが予想される。

本調査は、市役所に備え付けの遺族台帳から、五七九世帯をとりあげて行われた。妻一人・妻子のみの世帯は一一六世帯、父母または祖父母のみが残っている世帯は三六（六・二一％）、その他の複合世帯が四二七世帯であった。

戦死者の年齢は、三〇歳以下の者が三九九名と約七割を占め、うち二三歳の者が最も多かった。これは彼らが「現役兵で第一線に立っているもの」だったからであるという。

戦死者五七九名のうち妻をもっていた者は二四〇名、その妻の年齢層は二五～二九歳が九六名、三〇～三四歳が九二名を数えていた。この妻二四〇名中、一一五名が遺児を抱えており、七歳以下の乳幼児が全体の七二％を占めていた。

戦死者が一家経済の主体だったものが三五七世帯（六二％）、副体だったものが二二二世帯（三八％）で、「やはり一家経済の大黒柱であったものが多い」。

遺族はどのようにして生計を立てていたのか。職業収入により生活する世帯三一三（五四％）、職業収入および扶助料により生活する世帯一一一（一九・一七％）、職業収入および親族の援助により生活する世帯は三五（六・〇五％）であった。「資産収入に依って何の心配もなく生活し得る」のはわずかに一六世帯（二・七六％）、扶助料のみにより生活できる世帯は七九（一三・六四％）に過ぎなかった。

このほか、戦死するまでは勤務先よりいくばくかの手当金が出ていたのに、戦死とともに打ち切られ、ただちに援護を申し出ることも面目上できず、困窮しつつもなすところなく日を送っていたところ、市の軍事援護視察員の訪問によって事情が判明し、ただちに援護手続きに関し関係者と協議した世帯が二五（四・三二％）あった。調査は、扶助料、年金など賜金のみで生活している世帯は比較的少数で「職業に依って不足を補い生活安定を計らんとしている者の多いことが判明」したと結論づけている。

ところが未亡人二四〇名に限っていうと、職業に従事している者八九名、従事していない者一五一名と職を持たない者のほうが多かった。この職に就いていない者のうち就労の必要がない者は一六名に過ぎず、ほかは経済的に就労が必要であるにもかかわらず適当な職がないか、あっても家事や育児の都合で労働不可能な者たちであった。

職業を有する妻八九名の仕事の内容で多かったのは飲食店、白米商、結髪業などの自家営業（三三名）、ついで工場労働、和洋裁縫（いずれも一四名）などが続く。月収の平均額は自営業で五七円、ほかは二五〜三〇円、総平均は三六円一一銭であった。やはり遺児を擁する未亡人家庭にあっては収入が少額であり、扶助料などと併せてようやく生活の安定

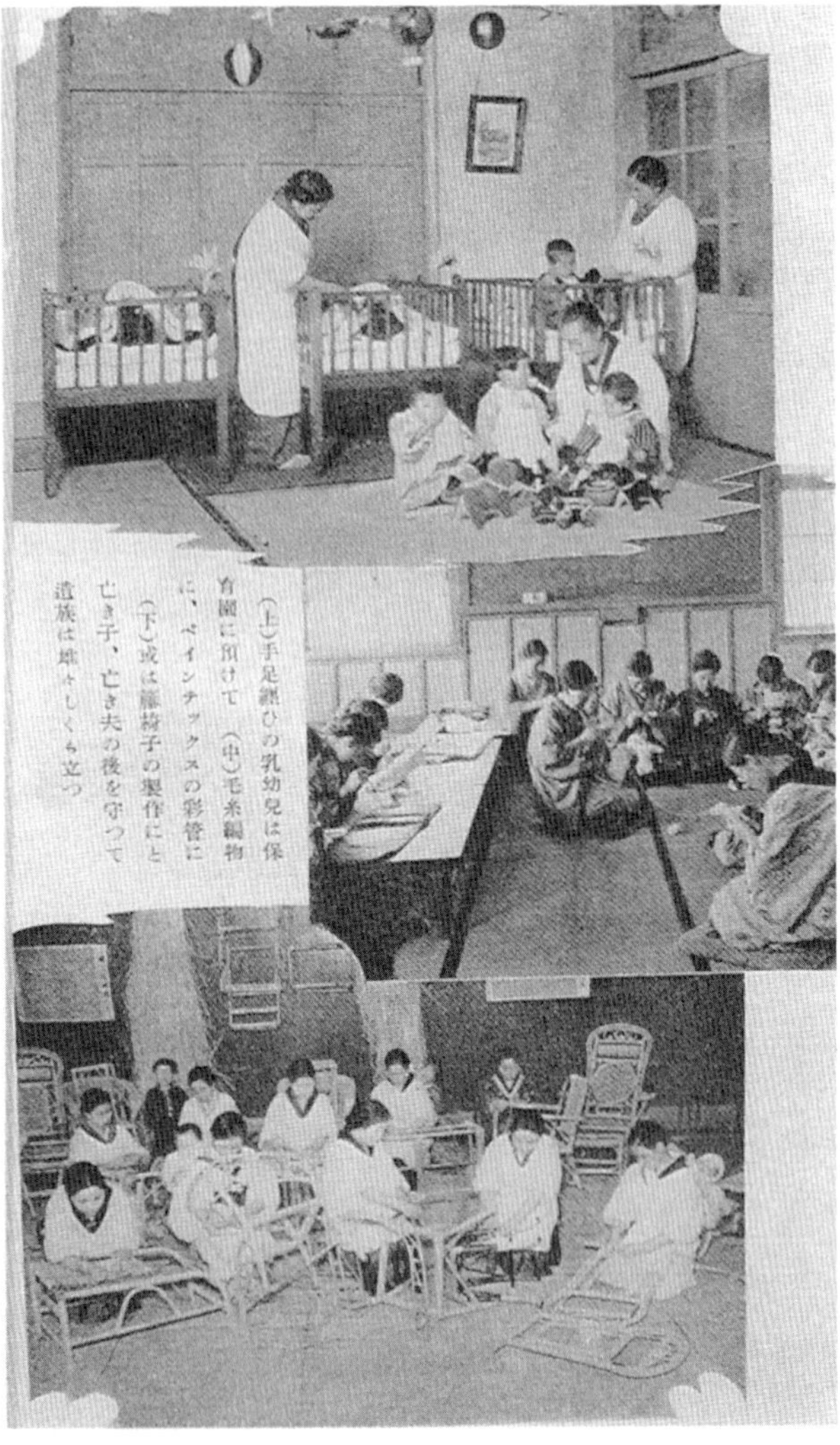
(上)手足纏ひの乳幼児は保
育園に預けて　(中)毛糸編物
に、ペインチックスの彩管に
(下)或は籐椅子の製作にと
亡き子、亡き夫の後を守つて
遺族は雄々しくも立つ

図6　働く未亡人たち（厚生省『遺族のしおり』1938年）

を得ているのが実態である、と調査は結論づけている。

方面委員たちの取り組み

先の神戸市調査にも出てきた、貧困ゆえ軍事扶助法などの公的扶助を受けるまでに追い込まれた遺族たちの意識とはどのようなものだったのか。同調査は彼らが「面目上」ただちに援護を申し出なかった、と指摘しているが、ここではより個別的な事例を、同じ一九三九年に埼玉方面事業連盟が刊行した『方面委員銃後奉仕実例集』から見ていこう。ちなみに方面委員とは現在の民生《みんせい》委員で、地域の篤志家《とくしか》が生活困窮者の救済にあたったものである。一九一八年の米騒動《こめそうどう》を契機に大阪府で発足、二八年までに全道府県に設置され、兵士の遺族・家族の生活救護も主要な業務とした。

埼玉県浦和市（現さいたま市）在住の戦死した兵士の遺族は父親（五五歳）が病気で死去、母親が野菜の挽《ひ》き売りで生計を立てていた。「相変わらず青物の挽《ひ》き売りに邁進《まいしん》して、泣き言一つ洩らさず、付近の人や方面委員が軍事扶助をと勧めても、一家総斃《だお》れになるまでも軍事扶助を受けては、死んだ夫や戦地にいる倅《せがれ》に対しても面目ないと辞退しておった」が、家族がチフスで入院したため市費にて入院させ、盲腸炎の子供は済生会の入院券と市の在満将兵後援会費にて支払い、いずれも全快した。報告者の方面委員は「稍々《やや》もすれば軍事扶助は、出征軍人家族の権利かの如く誤解されやすい今日、かくの如き一家は稀に見るけなげなものと存ずる」と彼女を称賛している。

この報告中の「軍事扶助」とは、前出の「軍事扶助法」による生活扶助である。その受給は、肉親・近隣の力がどうしてもおよばない場合、はじめて可能というのが国家の方針であった。報告中、軍事扶助が「家族の権利かの如く誤解され」ているのが批判されているのは、こうした種類の負担増を回避しようとする国の姿勢を反映してのことである。だが裏を返せばこの挿話は、軍事扶助法を辞退するのはあくまで「美談」に過ぎず、実際にはこれに頼らねば生きていけない留守家族・遺族が多かった、ということを示す。

財団法人全日本方面委員連盟編『方面委員叢書第一二輯《しゅう》　軍事援護実例（方面委員取扱）』（一九四〇年）は全国道府県の方面委員が提出した実践例報告集であるが、同書もそうした遺族・留守家族たちの意識のあり方を示すエピソードを掲載している。

和歌山県在住の出征兵士の妻は夫と二人暮らしであった。出征後、その里の親あるいは周囲の者から、若い女一人だとこれからの生活が大変だから軍事扶助を受けるよう、その妻の願い入れを待たず扶助の手続きを申し込んできた。しかしこの方面委員は、決して一人になったからといってすぐに給与を要求すべきものでない、できるだけ本人に努力してもらい、それで生活ができないというような立場になった時、はじめて法の恩恵を受ければよいだろうといって受け入れなかった。

するとその人たちは「なぜ法律が出来ているのに拒むのか、何の為の方面委員だ。方面委員の資格がないじゃないか。社会問題にするぞ」などと言って世間に言いふらした。そこで方面委員は、妻本人を訪ね、こと細かに軍事援護について話をし、受給申請をうながした。

ところがこの妻は「夫の凱旋《がいせん》するまでは一人で生きていきたい」と述べ、扶助申請を断って家政婦として働きだした。彼女は親に「私は軍事援護を受けずに、こうやって一人で働いていれば結構やれます。そればかりでなく、勤め先の人や近所の人から扶助を受けずに一人でやっていくことは感心だといって誉められているので大変肩身が広い、毎日の仕事をなごやかにやっております」との手紙を出したため、親も「私の娘は近所からえらい娘だといって誉められるようになりました。先日は色々やかましく言って済みません」と方面委員に感謝するに至った。この話は遺族ではなく留守家族のものであり、最終的に扶助は申請されなかったものの、自助努力をうながす国家の建て前は崩れ、人々は軍事扶助法による扶助を当然視・権利視していたようにみえる。

軍事扶助は完全に「権利」化されたか？

確かにこうした「権利意識」は家族・遺族たちの間に一定度根づいていったのだろう。だが、それを当時の遺族意識の全体像とするにはなお慎重であったほうがいいのかもしれない。なぜなら、ほぼ同じ時期の一九三九年、海軍省が作成したパンフレット『傷痍《しょうい》軍人及《および》戦没将兵の遺族の為に』は、遺族に「本法は……崇高なる兵役義務に服したる者及びその遺家族に対する国家の優遇施設であるから、この扶助を受くることは決してその家族等の不名誉になるものではないから、徒《いたず》らに本法の扶助を受くることを忌避することは適当でない」と呼びかけているのである。

こうした軍事扶助受給を「不名誉」視し「忌避」する観念のあり方をより明確に示すのが、部落解放運動の指導者松本治一郎《じいちろう》が一九三七年一〇月に個人の名で作成したパンフレット『応召出征　兵士家族救援活動案内』である。ここで松本は、「軍事扶助を受けることを恥ずかしいことだと考えて生活に困窮しながらも願い出ようとしないものがあったり、あるいはまた願い出の方法を知らないためや、市町村役場へ行くのがなんとなく嫌さに願い出ることを躊躇《ちゆうちよ》しているものがあったりする。このような人々には、軍事扶助を受けることが決して恥辱ではない、国家が当然しなければならぬこととして行う扶助であるから、そのために選挙権を失うようなこともないと説明して進んで受けるようにすべきである」と記述している。

戦前の社会において、公的な生活救助を受けることは、松本が言うように選挙権も取りあげられてしまう「恥辱」であり、一人前の人間ではなくなってしまう、ということを意味した。彼は人々のそうした意識のあり方を危惧して『応召出征　兵士家族救援活動案内』を執筆したのである（図7）。

こうした危惧の念は、太平洋戦争期に至るまで残っていた。例えば遺族・留守家族向けに作られた市販の軍事援護制度解説書、松永貞水『通解　軍人援護読本』（一九四三年）は、軍事扶助法は「兵役という国民最高の義務を果たすため」にあるのだから、同法による扶助は一般の「救貧法」によって扶助を受けている人たちのように選挙権を失ったり、その他の不利な取扱い、あるいは名誉や体面を傷つけるようなことはなく、支給金額も高く設定されていることを強調している。

確かに日中戦争勃発により、軍事扶助法による扶助受給者数は三六年約一一万五〇〇〇人→三七年約一三五万七〇〇〇人と激増した。しかしこうした遺族・家族に対する呼びかけが存在し続けたことは、軍事扶助受給を当然視・権利視しきれない意識が、佐賀朝氏や郡司淳氏も指摘するように（佐賀一九九四、郡司二〇〇四）、近隣の人々の偏見という要因

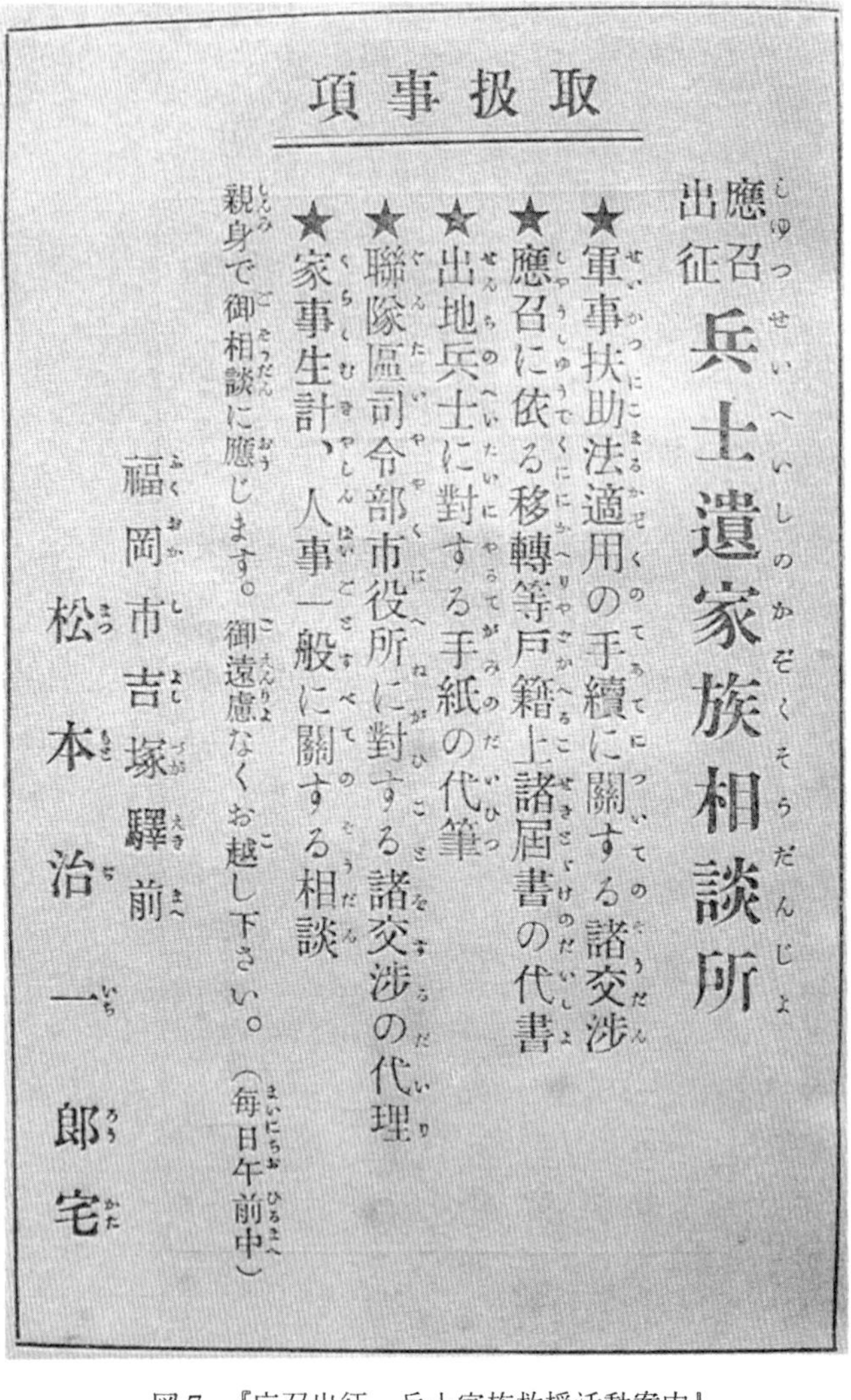

取扱事項

應召出征《しゆつせい》兵士遺家族相談所《へいしのかぞくそうだんじよ》

★軍事扶助法適用の手續に關する諸交渉《せいかつにこまるかぞくのてあてについてのそうだん》

★應召に依る移轉等戸籍上諸届書の代書《しやうしゆうでくにかへりやさかへるこせきとどけのだいしよ》

★出地兵士に對する手紙の代筆《せんちのへいたいにやるてがみのだいひつ》

★聯隊區司令部市役所に對する諸交渉の代理《れんたいやくばへねがひごとをするだいり》

★家事生計、人事一般に關する相談《くらしむきやしんぱいごとすべてのそうだん》

親身《しんみ》で御相談《ごそうだん》に應《おう》じます。御遠慮《ごえんりよ》なくお越《こ》し下さい。（毎日午前中《まいにちおひるまへ》）

福岡市吉塚驛前《ふくおかしよしづかえきまへ》

松本治一郎《まつもとぢいちろう》宅《かた》

図７　『応召出征　兵士家族救援活動案内』

徴兵が貧しい者にとっての打撃であったことが，ルビ付きの文章からみてとれる．（筆者蔵）

も深くかかわって存在し続けていたこと、つまり扶助の権利視・当然視という事態が一般的なものであったとは必ずしも言えない、ということを示しているのではなかろうか。そして敗戦後にいたっても、遺族たちにこうした「恥辱」意識は残っていたのである（この点は、本書一七〇～一七三頁を参照）。

また、軍事扶助受給の申請を時として困難にさせる別の要因もあった。受給申請は、市役所・町村役場を通じて内務省に行う必要があったが、前出の松本治一郎『応召出征兵士家族救援活動案内』は、「間違った考え方をする役場の吏員などは、自分の役場下から扶助を受けるものが多いと村の成績が悪くなるなどと考えて、なるべく扶助を受けないように奨《すす》めたり、或いは生活扶助の給与金を算定する場合に、多分に自己の感情を混ぜて不当な見積をするようなことも全然無いとは言えない」と述べている。

一九四〇年、千葉県海上《かいじょう》郡飯岡《いいおか》町（現旭市）の方面委員は、ある全国大会の場で、「甲の町においては町が立派に中に入って〔軍事扶助法の〕手続をしてくれる。乙の町に於ては、なにあれは相当資産もあるからというのでその恩典に浴することが出来ないという者も相当数に上っていると思います」、それでは「将来その家族の間に、隣村の権兵衛さんは扶助されておるのに俺の所は誰もやってくれないというような不平不満の声が起こるような心配がある」（軍事保護院・軍人援護会編『紀元二千六百年記念全国軍人援護事業大会報告書』一九四〇年）と警告している。乙の町の担当者の〝やる気〟のなさをみると、松本治一郎の危惧はこの段階に至っても解消されていなかったといえる。

家族・遺族の生活実態

兵士たちの住む市町村は、国への扶助手続きばかりでなく、兵士の留守家族・遺族の生活全般に対する援護を自発的に行うことが期待されていた。

その取り組みとは、例えば前出の埼玉県方面事業連盟『方面委員銃後奉仕実例集』（一九三九年）によると、次のようなものだった。

北埼玉郡星宮《ほしみや》村（現行田市）方面委員のある応召輜重《しちよう》特務兵は小作農、両親は老齢のため、妻は身重のため労働が意の如くできず、親戚にも扶助能力者がなかった。そのため近隣の小学校高等科生徒、青年団員、在郷軍人分会員、大字内一般民らが三七年一〇月一五日から一二月二五日にかけて六回以上、「手弁当」による農作業奉仕を行った。

一方でこの留守家族は、以下のような経済的扶助も受けることができた。

三七年九月二三日　県に軍事扶助申請、一日六三銭の生活扶助の救護を受ける。

一〇月一九日　妻、国防婦人会員の世話により、産婆を依頼して無事男児を出産。幼児の衣類などは会員の寄付による。産婆費は助産費扶助による。

一一月九日　老母夜中小用に起き、戸外にて卒倒し骨折、重傷だったのでただちに熊谷《くまがや》市の医院に入院させる。施術料および入院料は扶助を申請して受給した。

三八年二月一二日　老父死亡につき、ただちに埋葬費を申請、県の認可を得る。彼の死は出征中の兵士には知らせず、凱旋を待って葬儀を営むことにする。

三月二四日　〔父死亡のためか〕扶助移動届提出、引き続き扶助を行う。その他慰問として村援護会および各種団体の金品慰問、数回におよぶ。

遺族に対しても、地域社会＝市町村は公的援護の手をさしのべた。生活援助や農家への勤労奉仕は多くの町村で留守家族とほぼ同様に行われていた。特異な例として、家と墓を建てた村がある。徳島県名西《みょうざい》郡高志《たかし》村（現板野郡上板町）在住のある陸軍上等兵の遺族は中風《ちゅうぶ》を患う母と病身の妻、八歳を頭とする三人の子女からなり、住家は腐朽し倒壊の危険性がある、英霊の墓碑すらとても建てられないという困窮ぶりであった。同村銃後奉公会ではこれを見かね、四一年八月、会員（戸主）や在郷軍人会などの醵金・労力奉仕により家を新築、「二段台付尺八寸」の墓碑とともに贈呈している（軍人援護会編『軍事援護功労銃後奉公会及隣組表彰記録』一九四三年）。

しかし戦死者の遺族が、常にこうした地域の好意や奉仕を受けられるとは限らなかった。理由は、彼らに恩給・扶助料が支払われることになったことや、もはや生きて国のため戦っている兵士の肉親ではなくなったことである。

例えば長野県の陸軍上等兵の妻は、三八年の夫の戦死後、隣の出征兵士の畑へ勤労学生が麦刈りに来て、あっという間に作業を終えたのをみてうらやましくなり、役場までうちにも来てくれるよう頼みに行ったところ、「あなたの家はすでに亡くなっておられるので、援助は出来ないと断られ」てしまったという（中野市遺族会『平和へのいしずえ』一九九五年）。公的援護の第一目的はあくまでも前線兵士の士気維持にあったということをはからずも示す話である。

多様な悩み

遺族たちが遺族となったがゆえの生活上、職業上の悩みは、実に多様であった。そのごく一部を、恩賜財団軍人援護会が遺族向けに発行していた教化雑誌『ほまれの家』第八号（一九四一年四月）掲載の「誌上相談」からうかがってみよう（→以下が援護会からの回答である）。

【問1】菓子パン業を営んでいた兄が戦死後、原材料が統制されたため商売が立ち行かなくなった、特別に配給が受けられないか。

→商工省、農林省側の意見として特別の扱いはできない。

【問2】陸軍将校の寡婦だが、高等女学校在学中の長女に対し軍人援護会より学資補給を願いたいので手続きを教えてほしい。

→本会の学資補給は応召軍人のみを対象としていて遺族は対象としていない、地方庁で取り扱っているのでそちらに問い合わせられたい。

【問3】弟が戦病死したがいまだに死亡賜金の下付がない、同じ町内一一名の戦死者はみな一ヵ月以内にもらっているのにどうしたことか？

→兄弟姉妹の受給資格の順位は死亡者の妻、子、父母、孫、祖父、祖母の次である〔から上の順位の者に連絡が行っている可能性もある〕、事務は原隊（応召した部隊）で扱っているからそちらへ照会されたい。

【問4】孫が戦病死した祖父だが、軍人援護会の準扶助料はもらえるだろうか、また国からの埋葬料、特別賜金・一時賜金はどうか。

↓国の恩典は同一戸籍にあれば受けられるが、別の戸籍であれば不可能である。埋葬料は埋葬した貴殿が受けられる。軍人援護会の準扶助料は入営前に扶養関係があれば受けられるので村役場に問い合わせてほしい。

【問5】長男が満洲ハイラルの部隊で公病死した。（一）戦病死と公病死では恩賜金に差があるか、（二）公病死の場合扶助料はいただけるか。

↓（一）特別賜金は直接戦役または事変に関連する勤務に服して死没した軍人、軍属、嘱託員および工員の遺族に与えられる、死没の原因、勤務場所によって額は異なるが、公表はされない、（二）死亡当時同一戸籍内にある妻（分家してもよい）、未成年の子、父、母、成年の子（制限あり）、祖父、祖母の順に下付される。

【問6】息子が戦病死したがいまだに扶助料の下付がない、小作農で生活に窮しているのでもし扶助料が下付されるのであれば、それまで立て替えの貸し付けをうけたい。

↓扶助料請求書を出しているか？　遺族から進んで手続きをしなくても連隊区司令部もしくは村長から請求書に記入捺印を求めてくることになっているから連隊に問い合わせてほしい、そうすれば受給資格の有無も明らかになる。扶助料が確実にうけられるのであれば、その受給まで国の恩給金庫から特別貸し付けをうけられるので、直接申し込まれたい。
【問7】弟が村で一番に戦病死したが、いまだに靖国神社合祀の恩命がない。
→陸軍省で調査したところ、故人の所属部隊からいまだに合祀に関する書類の提出がないとのことなので、早く出すように頼んでみられたい。
【問8】郵便局の簡易保険に加入していた息子が戦死したが、「只持金」(=支払った保険料?)の七円二七円のみ交付になった。戦死者には保険金の支払いはないのか?
→簡易保険契約に、「災害のためになくなって場合にはその時期の如何にかかわらず保険金の全額を支払う」とある、災害と認めるか否かは簡易保険局に窮屈な条件があり、該当しない場合は保険金を支払わないので郵便局で問い合わせられたい。

ここに掲載されたのは、遺族たちの悩みのごく一端に過ぎない。彼・彼女たちの生活上の悩みは実に多様であり、傍目《はため》にはささいなことでも当人には深刻であった。しかしこのような投書をするのはごく一部であったろうし、よしんば投書したところで回答を必要な時分に得るのは困難なことであったろう。では当時の政府は、そして社会はこの問題にどう対処していったのだろうか。実は彼・彼女らには、親身になって相談に乗ってくれる相手が用意されていったのである。

指導嘱託と遺族紛争

お母さんのミシン仕事

ここで話をいったん「一つの花」にもどそう。お父さんと別れて一〇年後のお母さんとゆみ子の様子は、次のように描かれている。

それから、十年の年月がすぎました……今ゆみ子のとんとんぶきの小さな家は、コスモスの花でいっぱいにつつまれています。そこから、ミシンの音が、たえず早くなったり、おそくなったり、まるでなにかお話をしているかのように、きこえてきます。それは、あのおかあさんでしょうか。

お母さんは、ミシン仕事で生計を立てている。実はこのミシン仕事は、当時の遺族政策の一環として政府により指導・教育された可能性があるのである。その担い手のひとつとなったのが、一九三九年度以降全国の都道府県ごとに任命された、「遺族家族指導嘱託」の女性たちであった。

前節で、遺族たちの生活上の悩みが多様であったことを述べたが、戦争の長期化でそうした悩みはいっそう増えていた。政府は遺族たちの不安・不満が顕在化することを、「銃後」の結束を乱す一大要因とみなしていたため、その防止が緊急の課題となった。かくして戦争の長期化が誰の目にも明らかとなった三九年以降、遺族たちの相談相手となり、生活、家庭問題の解決にあたる女性の婦人遺家族指導嘱託が全国道府県に逐次配置されることになった。同嘱託は一九四三年度までに全国で一〇五〇人を数えた（藤原孝夫『戦力増強と軍人援護』日本経国社、一九四五年）。

同時に各市区町村銃後奉公会にも婦人指導員が設置され、協力して遺族の相談指導にあたることになった。こちらは藤原前掲書によると全国で九万余名に達している。

指導嘱託に任じられた女性のなかには、一定の識見を持つ戦死者遺族もいた。例えば愛知県在住の村瀬すえという女性は夫が三七年八月出征、直後に戦死した遺族であるが、四〇年四月に指導嘱託を拝命、遺族たちの相談にあずかることになった。

彼女は、「日々御遺族の皆様にお逢いしてお話を伺っておりますと、嫁としての悲しみも、姑としての苦しみもよくわかり、共に泣き、共に慰め、相励まし合ってまいるので御座います」と自己の職務への思い入れを語っている（「事変記念日を迎えて」、恩賜財団軍人援護会愛知県支部広報誌『銃後』四一年七月号）。同じ妻や姑である女性のほうが、遺族にとってはより共感しやすい存在と当時の政府はみなしていたのである。

しかし、なぜ女性だったのか、という問いには、別の回答もある。すなわち、彼女たちの〈性〉をどう管理するか、という難問である。一九四〇年ごろ、茨城県のある男性方面委員は、この点について次のような体験談を語っている（「農村銃後家庭の貞操擁護」、財団法人全日本方面委員連盟編『方面委員叢書第一二輯　軍事援護実例（方面委員取扱）』一九四〇年）。

彼が住んでいるのは茨城県と栃木県の間にある山村であった。彼はさっそく兵士のもとへ駆けつけて「後の生活の問題は及ばずながら私が引受ける。決して心配することはないから、どうぞ勇んで戦地へ立ってくれ」と励まし、軍事扶助法の手続きをとった。妻は読み書きができなかったので、彼が手紙の代筆、代読いっさいまでも行った。ところが妻に悪い噂が立った。

「あの□□《（人名）》はとても一人暮しておるなんという訳には行かない。近頃は何でもあの家では若い者が夜分に忍び込むそうだ」、「いや、頭の禿《は》げた者と二人で酒を飲んでおったそうだ。近頃はもうお腹が膨《ふく》れて来た、五月か六月なんじゃないか」という村人の声に、この方面委員は村の警官と二人で夜間妻の家を見張っていたところ、五日目の夜一一時頃、一人の若者が忍び寄ってきて家の戸をこじあけようとした。警官に飛び出してもらって捕まえると、来たる一月一日に入営するその字《あざ》の青年であった。そこで彼も出ていって、「名誉ある帝国の軍人でありながら、出征している家族にどういう考えだ」と懇々《こんこん》と説諭した。

六晩目の午後一〇時頃、今度は酒樽を下げた男が忍び寄ってきたのでみていると、三〇分ぐらいの間に酒に酔い、けしからぬ振る舞いにおよぼうとした。ふたたび警官と踏み込むと、なんと前夜の青年の親父であった。しかも彼はその字では資産もあり、区長を務めている人物であった。委員は「その晩はよくよく警官と二人で夜明けまで彼を説得しましたが、親といい、子といい、村の指導階級であり帝国の軍人でありながら、左様な振る舞いを致しておるということは全く情けないことであります」と慨嘆している。

委員が妻のお腹を叩いて妊娠しているか診るわけにもいかないので、たまたま医者だった村長が「これは応召家族の方と村の方面事業助成会の方で、無料健康診断をしてあげるのだ」とだまして診察した。彼女は〝幸いにも〟妊娠していなかったことがわかった。

こうした種類の問題を妻や未亡人たちとじかに接して指導、解決しなければならないとなった時、男性では何かと都合が悪い、だから女性が好ましい、という発想が厚生省部内にあったのだろう。

遺家族指導嘱託の仕事とは

道府県の遺家族指導嘱託が行うべき業務の内容を、その「執務要領」（前掲『戦力増強と軍人援護』）からみていこう。一部、表記を現代風に改めている。

嘱託の職務は、先に述べたように、市区町村銃後奉公会単位で設置された婦人指導員に援助協力して、戦死者遺族・軍人家族の相談指導を行うことである。

市区町村銃後奉公会婦人相談員に対する指導督励の方法としては、①婦人相談員の会合を機会に行う講話または面談、②市区町村を定期もしくは臨時に巡回し、または来訪を受けて行う個別指導、③文書など、④その他、があげられている。

婦人相談員に対する指導督励にあたって特に注意すべき事項は、①担当区域所轄の道府県地方事務所と緊密なる連絡を取ること、②担当市区町村（軍事援護相談所）当局と常に緊密な連絡を保持し、執務上の所見などは積極的に伝えること、③婦人相談員に対しては懇切丁寧を旨とし、相手方の性格、能力、地位等に応じ、指導督励の実効を収める方法を取ること、である。

嘱託の遺族家族に対する相談指導の方法としては、①遺族家族の会合を機会に行う講話・面談、②婦人相談員に援助協力して行う遺族家族の家庭訪問、③その他がある。

遺族家族に対する相談指導にあたり、特に注意すべき事項は、家庭紛議および風紀問題の処理に独力をもってあたるのは避け、なるべく市区町村軍事援護相談所の事件として解決にあたること、遺族家族の身上について知り得た事項はみだりに漏洩《ろうえい》しないこと、遺族家族の相談指導は婦人相談員に援助協力して行うこと、などである。

一方、嘱託のもとで働く市区町村銃後奉公会（市区町村軍事援護相談所）婦人相談員の「執務要領」は、以下の通りである（前掲『戦力増強と軍人援護』）。

彼女たちの職務は、軍人遺族家族の動静に注意し、その親身の相談相手となり、遺族家族の身上万般に関する事項につき相談指導を行い、これを通じ常に遺族家族の個別的精神指導をなすことである。

具体的な相談指導の方法は、入営、応召等のあった場合においては、ただちにその家庭を訪問して援護の要否、諸紛議の有無、教化指導の要否を確かめること。軍人遺族家族にして諸紛議の発生するおそれある者、素行不良に陥るおそれある者、その他とくに教化指導を要すると認められる者に対してはしばしば家庭訪問を行い、その教化指導の徹底を期すこと。遺族家族の会合を機会に講話・面談を行い、相談指導にあたることなどである。

「執務要領」が掲げる「遺族家族に対する相談指導にあたり特に注意すべき事項」は、当時の遺族政策の特質と細かさを考えるうえで重要と考えるので、以下列挙する。

(1)遺族家族特有の心情をよく理解し、懇切丁寧を旨とし、その親身の相談相手となるよう努める。

(2)教化指導については諸紛議の発生、素行不良化などの未然防止に努めるのはもちろん、進んで奉公精神、勤労精神および報恩感謝の念を昂揚するに努め、とくに遺族については別に定める「戦没者遺族指導要綱」〔本書一一八〜一二二頁参照〕にのっとり指導する。

(3)遺族家族に対する積極的指導は、相談の実施により、遺族家族が相当親密感を持つに至ったあとで着手する。

(4)常に遺族家族に対する各種保護優遇施設を研究知悉《ちしつ》するに努め、援護を要する者あるときは、それぞれ関係機関に連絡して援護手続を行う。

(5)遺族家族の身分、職業、環境、性格、年齢などを考慮し、個々の事情に即した適切な相談指導に努める。
(6)都道府県遺族家族指導嘱託とは緊密な連絡を保ち、その指導のもとに相談を行う。
(7)家庭紛議および風紀問題の処理については、独力をもって解決にあたるのを避け、なるべく市区町村軍事援護相談所の事件として解決にあたる。
(8)遺族家族の身上につき知りえた事項はみだりに漏洩しないこと。

遺族指導の実態

国立歴史民俗博物館に、長崎県諫早《いさはや》市、北高来《きたたかき》郡、東彼杵《ひがしそのぎ》郡内の遺族指導を担当した指導嘱託Nが作成した県あて業務報告書控えや遺族名簿などの資料が収蔵されている。Nは一八九五年医師の娘として生まれ、高等女学校を卒業後、一九二八年から長崎県の方面委員を務めていた。その経験がかわれて戦死者遺族の指導嘱託にも採用されたのであろう。彼女がのこした報告書控えは四二年一一・一二月、四三年一・四・六・七月、四四年一月分に限られてはいるが、これを読むことで、戦時下の遺族たちに対する指導嘱託の「指導」の一端をかいま見てみたい。

Nにとって頭の痛い問題のひとつが、未亡人たちのひきおこす「貞操問題」であった。彼女が担当していた未亡人は、「□□(人名)未亡人の母親に対するやさしき心づかいは嬉しく思う　病床にある母親涙流してこれは未亡人に対し有難い嬉し涙ですといわれて感謝される、母親もまた嫁より感謝される人であろう」といった〝協調的〟な人物ばかりではなかったのである。

たとえば四二年一一月、諫早市内のある未亡人についてNは「貞操上いまわしき事を耳にし」たので自宅を訪問してみると、未亡人は二〇日近くも生家に帰ったまま帰宅せず、七〇歳近い舅と遺子が寂しく母親を待っている状況であった。Nが生家に問い合わせの葉書を出すと、未亡人が家に戻ってきたので、「以後不心得なき様重ね重ね注意し」、その際就職の相談を受けている。

翌日からNは各方面に問い合わせを開始、「貞操上問題ありし為に一層調査を必要とし縄ない ムシロ織り等女人ばかりの職場を求めて心当たりを調査せるもなかなか思うにまかせ」ない状況であった。それでもいろいろ問い合わせた結果、「シッカリした未亡人の経営される女ばかりの縄ない工場」に安心して就職を依頼することができた。Nはその後もこの未亡人のことを気にかけ、彼女の働く工場を見に行っては「真面目に働きつつあり、我ながらいいしれぬ喜びに胸わくなお激励す」と述べている。

Nは、このようなかたちで未亡人に対する職業斡旋を随時行っていた。四二年一一月、別の未亡人からも職業についての相談があり、Nは「家庭の事情と未亡人の趣味等考慮し」て農業と養鶏を勧めた。一二月にも別の未亡人から相談をうけ、「一一才四才一才の幼子あ」るという理由で同じく養鶏を勧めている（在宅のままできるということであろう）。

またこの時期、諫早市当局は「授産場」を設置して未亡人に裁縫の仕事をさせていた。四三年四月、Nは二人の未亡人から授産場入所の依頼をうけ、さっそく市に電話して願い

図８　ポスター「銃後奉公強化運動」

この女性は未亡人か銃後を護る兵士の妻なのだろう．宣伝用の笑顔とはうらはらに，彼女たちは多くの問題を抱えていた．（国立歴史民俗博物館蔵）

導業務処理状況

43年4月				43年6月				43年7月				44年1月				合計
直接		移牒		直接		移牒		直接		移牒		直接		移牒		
解	未	中	市	解	未	中	市	解	未	中	市	解	未	中	市	
			3													4
												1				1
																3
1												1				7
													2			2
				2				1				2	1			10
			6													8
1	2				5		1		4		2	2				24
							2				3					11
					2				2				3		1	24

み，「未」は未解決を示す．「移牒」は相談員単独で処理せず「中」は県に設置談所」にそれぞれ解決を委ねた分．

出ている。彼女はこの授産場で働く未亡人たちの要望を直接聞き、市に伝える役目も負っていた。四四年一月、彼女の私宅で授産場にて働く未亡人たちとの懇談会が開かれ、市側からはNほか二名が出席した。この時、未亡人側からは「一、軍部の仕事を旋《まわ》して貰いたし　二、裁断法教授して貰いたし」などの要望が出された。Nたちはこれをとりまとめて市側に伝えたと思われるが、その結果は不明である。

　このようにNは未亡人たちの「貞操問題」の発生を防止して、職業に専念させるよう努めていたが、それでも四二年一一月、大日本婦人会（国防・愛

Nの遺族相談指

	42年11月				42年12月				43年1月			
	直接		移牒		直接		移牒		直接		移牒	
	解	未	中	市	解	未	中	市	解	未	中	市
1　子弟の教育					1							
2　育児												
3　婚姻縁組		1				1				1		
4　戸籍問題		1		1	1				2			
5　家業の維持経営												
6　修養教化									4			
7　職業補導斡旋	2											
8　紛争問題	1	3		3	3					3		1
9　扶助及援護手続斡旋								2				4
10　その他		3			9				1		3	

＊各月の「直接」は相談員が「直接処理シタルモノ」であり「解」は解決済
された「軍事援護中央相談所」に，「市」は市町村に設置された「軍事援護相

国婦人会などを統合して四二年発足）の市町村支部中堅幹部錬成会に出席した際、各村ごとに配置された婦人指導員たちからいくつかの村に関して「いずれも貞操上につき引きつまった相談を受」け、「日に月に誘惑に陥りつつある未亡人の指導を如何にすべきかを痛切に思」っている。また自らもある村の遺族を訪問した際、一未亡人について「貞操問題解決せしは一昨年なりしに、再び貞操上の身上相談を受け実に情けなく思う」と失意の念を示している。状況は決して楽観できるものではなかった、ということなのであろう。

恩給をめぐる紛争

相談内容のなかで一番多かったのは、表にあるとおり、軍人恩給・扶助料をめぐる遺族間の紛争であった。Nの主要な任務はこの種の紛争解決にあったといっても過言ではない。Nたちはどのようにしてこの紛争を解決しようとしていったのか、いくつかの具体例から検討してみよう。

Nは日常的に、前出の各市町村指導員とともに頻繁に遺族を訪問しては「遺族紛争のきざしほの見ゆ　双方に遺族としての注意を繰り返しなす」と紛争の〝予防〟に努めていた。しかしそれでも紛争が発生した場合には、遺族たちと直接相対して解決にあたることになった。

Nが関わった遺族紛争のうち、最もその過程を詳しく再現できるのが、一九四〇年七月に戦死した陸軍准尉Aの事例である。Nの記した遺族台帳によると、遺族は未亡人（戦死時二五歳、子供なし）と農業を営む戦死者の父母（戦死時五八・五二歳）・弟二名・姉一名・妹三名の大家族であった。彼らには特別賜金二五〇〇円、扶助料年額八七二円（四二年一〇月裁定）、金鵄《きんし》勲章年金二五〇円が与えられた。台帳には彼の遺言が筆写されている。「御上よりの賜金は君（妻）に与えるにより、その使用にしては勝手たるも、平素僕の話せし趣旨に合すべきこと」、「双方の両親に対する孝養は勿論、兄弟姉妹親類一同と折合を円満にすること」というものであった。

しかし、彼の遺志に反して扶助料のゆくえをめぐる紛争が勃発した。Nの業務日誌にみえる事の発端は、四一年五月五日、Aの未亡人が「離籍問題」につき相談をしてきたので、本人から話を聞き善処してほしい、という書簡を県の社会課長から受け取ったことである。おそらくAの実父が未亡人に戸籍からの除籍（同一戸籍から外れれば、当然扶助料受給資格もなくなる）を強要して、扶助料をわがものにせんとしているのである。

同年七月二一日にも、今度は諫早市軍事援護相談所長から、二四日にA家の紛争の調停を行うので参加してほしいという内容の書簡が届けられている。

しかし紛争はなかなか解決しなかったようであり、次に史料にでてくるのは、四三年に入ってからの動きである。以下はNの業務日誌から本紛争関連記事を抽出したものである。

一月一二日　実父がNを訪問、生家に別居中の未亡人に対する扶助料その他の指導を依頼される

四月六日　大村市銃後奉公会主事と同行、未亡人の兄を訪問して事件解決、誓約書を書く

四月七日　紛争解決を奉公会と県の課長に報告、実父が来て賜金・扶助料受け取り

の打ち合わせを行う

四月一三日　賜金扶助料受け渡しに立ち会うはずだったが、〔Aの？〕母親重態につき〔延期を？〕奉公会に依頼する

四月一七日　未亡人と実父、靖国神社合祀参拝のため上京。見送った親類から、〔実父が〕未亡人より五〇〇〇円を受け取ったことを知らされる

六月二二日　実父が来て「未解決の件」を相談

六月二六日　未亡人とその兄を訪問したが不在だったので、市役所の課長に彼女らに対する指導を依頼する

七月一六日　大村銃後奉公会の者と未亡人の兄を訪問、かつて調印した誓約書履行の件につき交渉したが応じなかった

七月二〇日　諫早市銃後奉公会主事とともに県福重出張所長を訪問、紛争解決につき協議

七月二八日　「遺族A」（父か未亡人かは不明）来訪、福重出張所長の返事に「じれったき模様」で、奉公会と電話で打ち合わせを行う

四月に未亡人が賜金扶助料のおそらく何割かを実父に渡すことで一度は誓約書まで作り

「解決」しておきながらなぜか再度話がこじれ、その間彼女の兄まで出てきて紛争はさらに激化（とはいえ一緒に靖国神社に参拝してもいるのだが）、調停にNや県の役人たちは奔走させられているのである。

結局解決をみたのは、同年一〇月一三日にいたってのことだった。この日ふたたび契約書の調印が行われ、前契約書（四月六日に書いたものだろう）を破棄すること、未亡人は除籍して再婚は自由とすること、未亡人は戦死者実父に扶助料その他の権利、勲章記章（行賞賜金・公債証書とも）、今後渡される御下賜金品はたとえ未亡人名で与えられたものであってもすべて実父に渡すこと、実父は従来未亡人が消費してきた学資資金生活費雑費一切を与えること（返済を求めないということか）、慰謝料として扶助料一期分を未亡人に与えること、今後は遺族たるの名誉を保持して親密に交際し、決戦態勢の職域に邁進しともに家門の繁栄を期すること、などが定められた。この事例に限っては、妻は子供もいないし若いのだからこの際再婚してやりなおせ、というのがNたち周囲の意向であったように思われる。

この契約書には実父、未亡人、県出張所長、軍事援護相談所主事、そしてNがそれぞれ捺印している。注目すべきはこの契約書が作られた場所で、「於長崎連隊区司令部」とある。軍の威光を借りることで、ようやく紛争は解決したのである。そのことは、契約書に「軍部並に立合人の認証」を得なければ内容の変更はできない、と書いてあることからもうかがえる。紛争は実父側の勝利に終わり、そしてなにより戦死者の「賜金は妻が受け、一家円満に暮らせ」という遺志はまったく無視されてしまっているのである。

多発する紛争

Nがかかわった金銭をめぐる紛争はこれだけではなかった。その後も、例えば一九四四年一月、Nは諫早市在住の戦死陸軍兵の「未亡人別居の件につき両者〔未亡人と戦死者の実親か〕来訪あり、その他遺子につき就職につき色々の相談を受」けている。戦死者の両親と妻の折り合いが悪かったのであろう。別居の場合、扶助料の取り分が問題となる。Nは市の兵事課長、銃後奉公会主事とこの件について相談し、翌日担当の市指導員と相談のうえ遺族宅を訪問、弔問のあと「遺族としての心構えを繰り返し指導」した。しかし「遺族訪問最早未亡人側と相当の感情のむつれ《(ママ)》ありて指導に骨折る段有之《これあり》、糸を引」き、「親戚の方も同席して一緒に別居の話を持出す、ようやくすべて〔賜金扶助料拝受の□の分配を〕県及び奉公会にまかせるように承諾を得て解決」するにいたった。

このようにNは地域の指導員と共同して市当局の指示を仰ぎながら、遺族宅まで直接出向いてはねばり強く紛争の仲裁にあたっていたが、その際Nたちはなるべく立場の弱い未亡人を支持し、できるだけその財産を保護する方向で調停にあたっていた。諫早市の陸軍下士官遺族の事例であるが、四二年一一月、戦死者の実兄と未亡人との間に、扶助料分配・金銭貸借をめぐる紛争が発生した。一二月に入って調停が銃後奉公会事務所にて開かれ、市の方面委員、奉公会主事が立ち会い、「坂田先生（県の指導主事）の御指導を楯にして弱き未亡人を支持しながら頑張り通」し、「ようやく坂田先生のおさしず通りの解決がつ」いた。

　ところが翌日Nが未亡人を訪問すると、彼女から「兄夫婦よりせめられ恐迫《（ママ）》された様にして半金の百五十円（特別賜金か）を兄に渡すべく承諾した旨を聞」かされた。Nは兄が不在だったためその妻に「強く意見し」、さらに義兄の持っていた扶助料証書をとりあげて未亡人に渡し、さらに郵便局に保管を依頼している。この事例からは、Nや方面委員、銃後奉公会といった行政側が遺族の私的紛争に積極的に介入、立場の「弱き未亡人」を支持してできるだけその財産を保護すべく努力していたことがうかがえる。

　ただ、未亡人をめぐる家庭紛争は金銭関係だけではなかったし、常に解決可能とも限らなかった。諫早市の海軍下士官の未亡人は両親との間がうまくいかず、Nは日頃からその不心得をさとしていたが、四三年四月に未亡人の女学校編入が決まり、本人および生家の両親は「涙を流して感謝」したが、舅《しゅうと》が不賛成として許可をしなかった。理由は不明だが、学資がかかり家事がおろそかになるということだったのか。Nは「明日に迫る入学式を控え今更の不承知に未亡人の心情同情に堪えず」、同じ町内の町会議員に「同道を願って再び許可を願いしも頑として聞き入れ」なかった。しかたなくNは県に入学の取り消しを願い出ざるを得なかった。この未亡人はその後もNのもとを訪ねており、話を聞いたNは「舅との間面白くなく、未亡人の立場に同情す」ると記している。この件は賜金・扶助料という公的機関にも介入する余地のあった問題とは異なり私的性格の強い問題であり、家長の権力の前にはNも「同情」する以上の手だてはなかったのである。

このように戦死者遺族の家庭は、職業の確保や金銭の分配といった様々な問題を抱えていた。Nたち指導嘱託はそのすべてを解決できたわけではないにせよ、行政当局と遺族たちの橋渡し役となって彼・彼女らの生活安定に努力した。Nの報告書からは、彼女が心から遺族たちの境遇に同情し、誠意をもって日常の業務にあたったことがみてとれる。ただそれは、遺族たちが政府の意に添った〝節操ある遺族〟たりうるよう、常なる監視を加えることになってしまっていたのである。

彼女は戦後も恩賜財団同胞援護会（軍人援護会を改組）大村事業所の所長として、遺族の職業補導や引き揚げ孤児の養護などに従事（『恩賜財団同胞援護会会史』一九五〇年）、その後も社会福祉に一生を捧げて一九八六年に死去した。

市町村、県レベルの職業指導

もちろん遺族への公的な職業・生活指導は長崎だけでなく、全国規模で展開されていた。一九三九年、夫を北支で亡くした青森県の女性は、毎日泣き暮らしていると、知人に洋裁で身を立ててはどうかと勧められた。そこで彼女は当時の市役所内にあった「遺族係」に相談し、その紹介で当地の高等小学校の特待生となって技術を学び、さらに町の既製洋服屋に入って技術を学んだ。どうにか他人の注文を受けられるようになると、世話になっていた婦人会長に交渉してもらって店舗を借り、その名も「勲洋《いさお》品店」として開業した（日本遺族会編『いしずえ　戦没者遺族の体験記録』一九六三年）。

各道府県が主体となって職業指導活動を行うことも多かった。例えば軍人援護会愛知県支部は一九四一年九月一六日、名古屋市内の百貨店で戦病没者遺族職業補導講習会を主催、受講者は五十余名を数えた。このとき県側から主事および講師二〇名が出席、洋裁科・編物科・人形製作科・印判彫刻科に分かれて三ヵ月間の講習を行った（軍人援護会愛知県支部広報誌『銃後』三―八、四一年一一月、一四頁)。翌四二年九月にも愛知県は講習会を同じ百貨店で開催、一二月二〇日に修業式を行った。この時の人数は編物科一〇名、印判彫刻科四名、人形製作科九名であった(同四一一、四二年一月)。

一九四三年、軍人援護会京都府支部の厚生部長・陸軍大佐牛島隆則は「職業指導の実際」と題する文章(軍事保護院編『遺族家族指導嘱託講習会講義録』一九四三年)において、自己の体験談を次のように語っている。彼はまず京都市内の訪問婦に頼んで市内の各遺族宅を訪問してもらい、生活程度を甲乙丙に分け、「甲の生活程度(良好脱か)、乙は大体心配要らぬ、丙は一寸何か故障があると生活が脅かされるという」三つに分けて記録させた。その結果、「総体の人員が一九二二人、その内甲が一〇%、乙が六〇%、丙が三〇%」、その他「少々心得が悪くて、生活が出来るから、まあ仕事はせぬでも、悠々として遊んでおればよかろうという、横着な考えの」、「注意を要する方が相当あ」ることがわかった。

そこで彼は、「丙と注意を要するのとを、片っぱしから整理して、仕事し得るのに仕事せぬ、という人は、どんどん仕事の方へ差し向けるようにし、丙の方は私の考えでは、先ずその家計の計画表を作りまして、例えば子供が四人ある、収入は月に三〇円、扶助料が三五〇円、毎月どれ程不足が出るか、その不足をどう助けるか、それを一軒一軒に就いて研究しよう、こういう風に進めてやりたい」と述べている（一ノ瀬二〇〇四）。

もっともこうした遺族向けの生活指導は、常に当人たちに歓迎されていたわけではなかった。前掲『思想月報』六四号調査は、大阪市住吉区在住の戦死者妻（二五歳）の「戦死者の遺族に対し色々と心配して親切にして下さるのは嬉しいが、中には余りに私自身の事や家庭内の事まで立ち入って注意しておられる方があり、時には親切に保護して下さるという感じよりも何だか私共の行動を一々監視されている様で不愉快になる事がある」といった発言を拾っている。この遺族の発言は、牛島が語ってみせたような行政側の監視的、干渉的な態度に対して発せられたのではなかったろうか。

誉の家昭和荘

軍人援護会愛知県支部では前記の講習会を行っただけでなく、一九四一年には職業指導、住宅貸付、保育、教養、保健、教育指導などの事業を行う「誉《ほまれ》の家昭和荘」なる施設を名古屋市昭和区向山《むかいやま》町に建設した。九月二六日、遺族一九世帯を迎えて入荘式が挙行された。

この「誉の家」は、木造二階建て、本館、第一母子寮一四世帯、第二母子寮一二世帯、浴室その他総面積六〇〇坪の広壮な建物であった。入所資格は県内に在住する戦没軍人の寡婦（準遺族たる寡婦（内縁の妻か））にして子女を擁する者、希望者は在住の市町村銃後奉公会に申し込み県支部の許可を得ることとされた。荘長は県の軍事援護課長である。各世帯は同一間取り、六畳、三畳、二畳、二畳の部屋と玄関、仏壇、床、地袋、押し入れおよびガス、水道の設備ある専用炊事場を備え、使用料は一ヵ月金五円、乳幼児の保育ありと当時としてはなかなかの充実ぶりであった（前掲『銃後』三一─六、四一年八月の裏表紙広告による）。

こうした公的施設ができた背景には、次のような遺族たちの声があった。

私の夫は昭和一二年八月応召一〇月戦死いたしました。夫は幼少の時から店員となり、別家して酒小売商を始めました。お得意様も出来、これからという所で出征したわけです……今日までとにかく続けて来ました。けれども色々の事情でどうしても立ち行きません。目下六歳になる幼児と私と二人きりです。何とかよい方法はありませんでしょうか。（「紙上相談」『銃後』三一─六、四一年八月）

これに対し県の担当者は、物資統制は国家の方針であるから、酒小売商を永久に続けて行くということは未亡人としてははなはだ困難なことである、だから「出来得る限り永久性のあるそして未亡人として理想的な職業」を選んで勉強するのがよい、と回答している。そして、戦没者未亡人に対しては授職指導を行っているから詳細は市区町村役場で尋ねてほしい、そして「名古屋に出て勉強し、一定の職業を身につけたい方のために九月より『誉の家』が開かれます。ここでは二ヵ年を基準として軍国の未亡人のため将来独立自営出来るよう職業補導と子女教育とのお世話をするようになっています。これもお役場でお相談して下さい」と勧めている。このように、未亡人たちを常時監視、再教育してあるべき「軍国の未亡人」たらしめるべく「誉の家」は建てられたのであった。

この「誉の家」に入所した遺族の声を聞いてみよう。二人の幼児を抱えた未亡人宇野かよの作文によると、一日の課程は午前五時起床、洗面・掃除、五時半朝礼、六時一五分まで国民儀礼〔宮城遙拝、国歌斉唱、英霊黙禱〕・ラジオ体操など、七時までに食事終了、八時出勤午後六時帰宅（これは人により異なる）、六時から八時までに入浴・夕食、八時から九時半まで修養・自由時間、九時半夜の集合、一〇時就寝という規律化されたものであった（宇野「天恩広大――昭和荘の一員として」、『銃後』三―九、四一年一二月）。

宇野はこうした待遇をうけ、どのような感想をもったのか。彼女は作文中、「この昭和荘は畏《かしこ》くも　天皇陛下の思召により、私共遺族の為に将来独立自営家門の名誉を保持、顕揚するに必要なる素地を作らしむるを目的として建設され、柱一本、畳一枚に対しても皆大御心《おおみこころ》がそそがれているから、その心持を十分汲み取って、一日として無駄なく、常に

図9　誉の家昭和荘

入所式で誓いの言葉を述べる遺族（軍人援護会愛知県支部『銃後』3-8，1941年11月）．

修養を重ね、感謝の気持で掛替《かけがえ》の無い尊い子供の為、ひいては御国の為に雄々しく亡き夫の分までも、御奉公の誠を尽されるように」との訓話をうけ、「我が身の重責をつくづく感ずると共に、心の底から如何なる困苦もしのび再生の道を開こうと新たに固く固く心に誓いました」との決意を示している。

さらに彼女は、「私共遺族はいよいよ一丸となって共に励み、慰め合って、過去の一切を水に流し、生まれ返った気持で常に修養を怠らず心身共に磨き、新しい希望に夫々《それぞれ》邁進して上《かみ》聖恩に応え奉ると共に、世間の御同情や、荘長様始め職員皆様の御指導の御趣旨にも十分かないたいと只管《ひたすら》願っております」ともいう。施設は監視の装置であるのに、監視対象であるはずの彼女はこれを「世間の御同情」と肯定的にうけとめている。ここに支配の巧妙さがあった（図9）。

その後も「誉の家」はにぎわいをみせ、四三年には女学校、専門学校に通学中の者、和裁、洋裁、産婆習得中の者など二五家族を収容、「目下さらに一二家族の収容のため増設を急」ぐほどだったという（愛知県軍事課長草葉隆圓「世界に冠たる吾等の軍人援護　その七――戦没軍人遺族の援護」、『銃後』五―九、四三年九月）。

〝名誉の遺族〟という名の監視体制

誉の遺族

遺族の誓

ここまでみてきたように、遺族たちには物心両面にわたる〝監視〟がなされていたが、当時の政府にとって一番望ましいのは、そのような監視を行わずとも、遺族たちが自ら身を律することであった。すなわち、政府は彼らの「精神」を指導して自ら従順な遺族たらしめることをめざしたのである。

そのため政府は、一九四一年一月、「戦没者遺族指導要綱」を定め、軍事保護院援護局長名で各地方長官に通達した（藤原孝夫『戦力増強と軍人援護』日本経国社、一九四五年）。

要項の「指導目標」では、「戦没者遺族をして益々その家門の名誉を顕揚せしむる様精神指導に努むる」のが戦死者遺族援護対策の根幹である、これなくしては諸般の経済的援護もその成果を期しがたい、とされる。遺族の精神指導にあたって主眼とすべき事項は、次の五ヵ条である。

（一）君国の為に身命を捧ぐるは日本臣民の本分にして、皇恩の万一に報い奉る所以《ゆえん》なるに、特に思し召しを以て戦没者の英霊を靖国神社に祀らせられ、遺族の上に深き御仁慈を垂れさせ給うは一家一門の無上の光栄にして真に有り難き極みなることを悟得し、自奮自励愈々《いよいよ》奉公の誠を効《いた》さしむること／（二）常に修養に努め品性を磨き、報恩感謝の念を以て世に処し世人の尊敬と支援とに応《こた》えしむること／（三）家門の名誉を念《おも》い、我が国家族制度の美風に則《のっと》り、相互に慈愛孝養の徳義を敦《あつ》くし、私心を捨てて一家協同親和の実を挙げしむること／（四）子弟をして身心共に健全なる発達を遂げ将来忠良なる国民たらしむる様、その保育教養に努めて以て戦没者の尽忠報国の精神を承《う》け継がしむること／（五）徒《いたずら》に国家社会の恩典優遇に依存して無為徒食《むいとしょく》することなく独立自衛の覚悟を固くし勤労を旨として家庭経済の確立を図《はか》らしむること

そのための具体的な指導体制・方法としては次の七点が示されている。

①遺族の精神指導は都道府県および銃後奉公会において企画実施すること。

②遺族の精神指導については、多数遺族を対象として行う一般的指導のほか、遺族の性

格・教養・年齢・職業・環境その他個々の実情に即し個別的指導を行い、両者あいまってその万全を期すこと。そのための「一般的指導方法」として、（イ）適当な指導者を中心として遺族の修養会、懇談会、講演会、映画会等などの実施、（ロ）「指導目標」に照して模範となる行為のあった者を表彰し、一般遺族の模範とさせること、（ハ）教化用印刷物の作成配布、が挙げられる。さらに「個別的指導方法」として、都道府県および市区町村銃後奉公会（同軍事援護相談所）に遺族の親身の相談相手となるべき婦人を置き、家庭訪問などにより遺族の身上家事万般につき指導を行い、常に遺族の個別的精神指導をさせることも挙げられている（この「親身の相談相手たる女性」の活動に関しては、すでに前出の長崎県指導嘱託Nの事例などを通じてみてきた）。

③遺族をして修養に努め、「指導目標」の趣旨を実践させるためには、信仰心を涵養《かんよう》させることが最も肝要適切であるから、遺族の指導にあたる者は配慮すること。

④遺族が随時会合を催して相互に親睦をはかり、修養に努めるのはきわめて適当であるが、そのためとくに遺族会などの団体を結成するのは相当考慮を要するものがあるのでなるべく避け、その種の会合は市区町村銃後奉公会主催のもとに実施すること（これは、遺族の会が政府に対する不満・反感醸成の場となることを懸念しているのである）。

⑤遺族に対する各種慰安の催しについては、その内容および方法を前出の「指導目標」に添わせるよう留意すること。
⑥遺族・家族たちの修養会、懇談会については、遺族と家族とはなるべく別個に会合させ、遺族全般の会合のほか、適宜戦死者の妻・父母などの会合も催すこと（前部は、留守家族の不安を煽ることがあってはならないという意図によるかと思われる）。
⑦以上のほか、遺族に対し職業補導、教員養成、遺児育英、軍事扶助その他の各種援護を実施するにあたっては、常に個別的精神指導につとめること。
ちなみに、この「指導要綱」に付属して「遺族の誓」なるものも制定された。
一　私共《ども》遺族は皇恩の深さを肝に銘じ愈々《いよいよ》御奉公を励みましょう
一　私共遺族は常に修養を怠らず感謝の気持で世に処しましょう
一　私共遺族は家門の誉を念《おも》い私心を捨てて一家の和合を図《はか》りましょう
一　私共遺族は子供を立派に育て上げ父兄の意志を承《う》け継がせましょう
一　私共遺族は徒《いたずら》に他に頼らず勤労を旨として生活の基《もとい》を固めましょう
このように、遺族の分をわきまえて身を慎み、不平を言ったり国の援護に頼ったりせず自活する精神を養うよう指導せよ、と細かな指導がなされたのであるが、興味深いのは、政府はあまりに遺族たちの名誉性を強調するのも不適切と考えた、ということである。例えば日中戦争期に、遺族に「勲族《くんぞく》」という称号を与えてはどうか、という議論が起こった際、政府はこれを退けている。「日本に遺族という特権階級はない」、「援護を受けておられた方々も後には対象から除外さるべき時が来る」のだから、というのがその理由であった（軍事保護院援護課長青柳一郎「戦没者遺族援護事業に就いて」、軍事保護院編『遺族家族指導嘱託講習会講義録』一九四一年）。すなわち、遺族に名誉意識――プライドを持たせたいが、だからといってそれが国への権利意識・特権意識に転化することがあってはならないのである。その意味では「精神指導」もなかなか困難なものであった。

末端における遺族指導

こうした政策上の要請に対し、末端ではどのような精神指導が行われていたのか。

前出の「遺族の誓」を、同じく前出の愛知県「誉の家昭和荘」では毎朝遺族たちに斉唱させていた。やはりこの施設の本質は、遺族の精神までも「監視」する装置にほかならなかったのである。

各市町村の銃後奉公会でも、例えば一九四三年ごろ、秋田県仙北《せんぼく》郡六郷《ろくごう》町では靖国会なる組織を作って遺族の世帯主を会員とし、毎月一回月例会を国民学校の「英霊室」にて開催、「遺族の誓」信奉に関する講話や座談会、申し合わせなどを行うなどの教化活動を展開している（軍人援護会編『軍人援護功労銃後奉公会表彰記録』一九四四年）。

こうした自立・感謝して生きる「遺族の矜持《きょうじ》」を強調してやまぬ国の姿勢に、遺族たちは順応していった。一九三八年一〇月、二四歳で戦死した沖縄県の軍人の妻は当初こそ「どんなに覚悟を決めたとしても目の前が暗くなり途方に暮れて国の為とはいえあんまりだ、夫を返せ、若者を返せと泣き崩れて働く事さえ出来なくな」った。しかしその翌年、村役場から愛国婦人会役員として出され、活躍することになった。そのとき、月ごとに「軍国の母の姿という本が東京の遺族会〔正しくは軍人援護会〕から送られ、これを読み自分の心に強く生きる喜びと勇気を持ち、夫の英霊に誓い軍国の母として夫の分まで長生きで修養怠らず感謝の気持ちで世に処しましょうと立ち上が」ったという。敗戦後も、五八年には遺族会の「寡婦役員」となり、続いて村の遺族婦人部長、郡の副部長として活動した（沖縄県遺族連合会編『終戦五十周年　いそとせ』一九九五年）。回想中の『軍国の母の姿』とは、軍事援護会・大政翼賛会が発行していた、他人の助けを借りずに自活する遺族たちの美談集である。

静岡県の国民学校高等科二年の遺児（男子）は、兄が戦病死してから三月に一回、前出

図10　軍人援護会『ほまれの家』
図5と同様，桜のイメージが用いられている．中身は啓発記事や誌上相談，遺族たちが「皇恩」「忠魂碑」などの題で詠んだ俳句など．

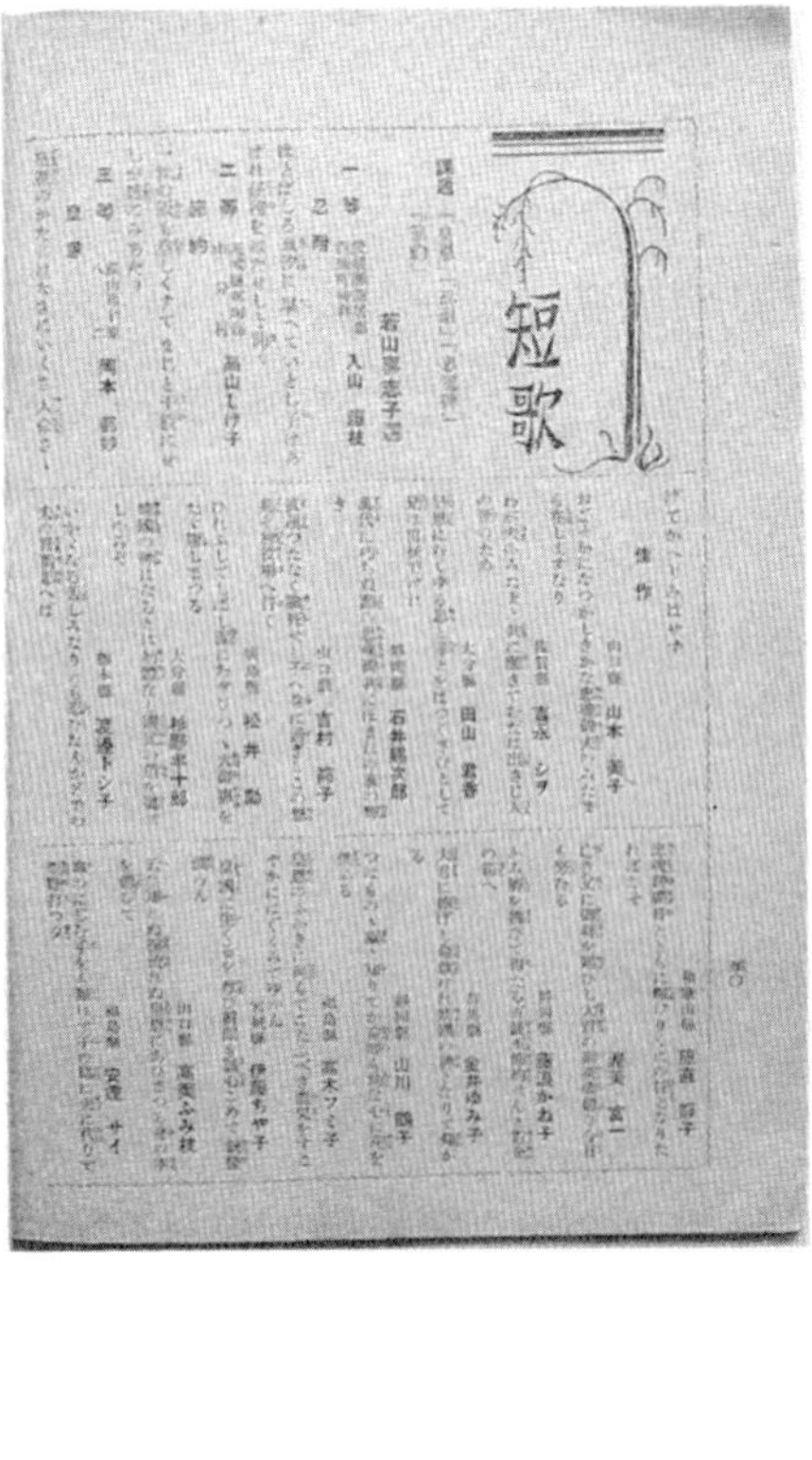

の軍人援護会教化雑誌『ほまれの家』（図10）が届くようになり、そこには家門《かもん》の誉《ほまれ》を思えという「遺族の誓」がいつも書いてあることにふれ、「私の家には何の誇りもない。ただこうして一家の者が心おきなく力になり合って働くことが、私の心の中に僅《わず》かな誇りをあたえてくれるのである」と作文に書いている（坪井譲治編『家のほまれ』西村書店、一九四四年）。児童に至るまで「遺族の誓」イデオロギーは強く浸透させられていったのである。

遺族たちが戦時中から遺族会を結成する動きも、先に掲げた政府の否定的方針にもかかわらず皆無ではなかった。福井県足羽《あすわ》郡上文殊《かみもんじゅ》村では四一年八月二〇日、日中戦争の戦死者遺族を中心として「親和会」を結成し、毎年一回総会を開いて遺族としての過去一年を反省し、率先して銃後奉公の誠を捧げ、村民の模範となるよう努力した。村の寺で行われた同会の結成式には村長、校長、在郷軍人分会長など多数が参加し、式後の法話に「遺族たちは限りない感激をもって耳を傾けた」。また年一回追悼法要を執行して英霊を弔い、遺族が不慮の災厄にあった時は、会員互いに助け合うなどして「共に苦しみを分かち、共にはげましあって、苦しい戦いのなかで共に手をとり合った」。同会は五〇年三月「上文殊遺族互助会」へと発展的解消を遂げ、同年忠魂碑を修理し、翌年にはその横に村から経費の助成を得て戦没者の氏名を刻んだ墓石を建立するなどの活動を行っている（『福井県足羽郡』足羽町遺族会編『戦争と遺族』一九六五年）。

同郡の東郷村でも三九年三月ごろ、「東郷遺族同志会」が結成された。ただしこれは共同墓地の建立を目的に結成されたもので、戦後に見られた遺族相互の扶助を目的としたものではなかったという。同会は国の方針に従い、四一年五月、忠霊塔を建立したのち「東郷村遺族互助会」へと発展、「遺族同志の激励、戦没者の慰霊など、もっぱら必勝の信念にもえて遺族としての銃後活動に励んだ」。戦後の四六年七月、「東郷村遺族会」へと発展している。これらの会は、五三年四月の県遺族会発足にともない、いったん解散して各村単位の遺族会へと改められていった（前掲『戦争と遺族』）。戦時下の遺族たちが団体を結成したとしても、それは村当局の監視下にあって夫・肉親の顕彰を主目的としたもので、政府が危惧したような意味での「権利」主張のための団体とはならなかったといえよう。

慈愛のまなざしによる支配1——侍従、女性皇族・王公族視察

戦争の長期化のなかで、あるべき遺族意識を涵養《かんよう》するための施策がより大規模に、全国的に展開されていった。

侍従と戦死者遺族

内務省は一九四二年五月一〇日から七月二四日にかけて、内地の全道府県に久松定孝以下八名の侍従《じじゅう》を派遣した。「国内一般状況殊《こと》に国民総努力の実相を視察」させ、国民に「聖恩の辱《かたじけな》さ」を実感させるのが目的であった。視察の状況は、『昭和十七年全国に対する侍従御差遣と銃後国民の感激』という大部（全三七五頁）の報告書にまとめられ、国民の「感激的反響」が詳細に記録された。国民たちの感想は、地方長官（知事）がとりまとめ、内務省へ報告したものである。侍従たちの主要な視察対象のひとつとなったのが、戦

死者遺族たちであった。

視察の状況は、横浜市中村愛児園・春光園の母子寮園主・平野恒子が六月の戸田康英侍従による視察ののち提出した、以下の談話によってうかがうことができる。

〔侍従の視察を知った〕園児の母等は余りの光栄にこの町はずれの貧しき地区に不思議だとさえ感ずる者もありました。生涯侍従を拝することもあるまいと朝まだき起き出で道路に整列する者もありました……春光園母子寮にては侍従が誠に汚穢《けがら》わしき部屋〔に〕御座り下され亡き夫の英霊に対しては御丁寧に拝礼を賜りました。ことに門前に整列した未亡人三名に対しては「この婦人が遺族ですか」「この婦人は」と一人一人おやさしき御言葉を賜り「しっかりやって下さい」との御励ましにこの三名の母は侍従御見送り後部屋に戻り　聖恩の忝《かたじけ》なさに唯相擁《ただあいよう》して感泣したと語りました。

岡部長章侍従は五月二六〜二八日のあいだ、島根県内を巡回視察した。これに対し、島根県出雲市の遺族教育施設・恩光学院園長（県の遺家族指導嘱託も兼務）は「在園者卒業生相共に御視察の光栄に感激し戦没勇士の寡婦としての覚悟を新《あらた》にせり、然《しか》して園長として指導鞭撻に一層の力強さを感ずるものなり。一般の軍人遺家族にも指導嘱託としてこの光栄を頒《わか》ち家庭訪問並に遺家族来訪の際に話聞かせたるに皆　皇恩の厚きに感激し恩恵に浴する有り難さを感じ居る次第なり」と状況を報じている。

同学院に収容されていた遺児の山本幸子（能義《のぎ》郡安来《やすぎ》町〈現安来市〉）は「私たちはこの光栄と感激を肝に銘じまして一生懸命に勉強して遺児として一層忠誠を尽くし奉る覚悟を新にいたしました」と、未亡人の石田房子（簸川《ひかわ》郡日御碕《ひのみさき》村）は「この上は身を慎み業を励み亡き軍人の妻として家門を守りたて有難き　大御心に応《こた》え奉る事がなによりの勤めでございます」と自らの覚悟をそれぞれ〝主体的に〟記している。

これら一連の侍従視察の性格、目的を考えるうえで、前出平野恒子園主の次の談話は示唆的である。

現在寮には一四名の母と四一名の子供が居住しているが世のあらゆる悲痛困苦を体験し、親戚にさえ顧みられぬ者等がかくもの光栄に浴するとは忝なき極みにて到底筆舌には尽くし難く、今後母は御国の母としての任務の重きを益々痛感し　聖恩極まりなき我が国少国民の養育に生活に暇なき身ながら一層専念することを誓ったのであります。

「町はずれの貧しき地区」に住む「親戚にさえ顧みられぬ者」にまで皇室の慈愛はあまねくおよび、遺族たちは「感泣」して身を慎むことを誓う、という図式である。そのことを遺族たちとその指導者が「作文」として自らの手で書くことは、川村湊氏が言うように、「生活指導や道徳教育の結果を、強要や強制ではなく、それがあたかも自分達の内部から自発的に、あるいは内発的に出てきたかのように受け止めさせる」効果を持っていたのである（川村二〇〇〇）。これらの「感激の謹話」は『大阪朝日新聞』に掲載されたものであるというが、そのことで遺族たちは、自分が書いたことの内容を疑いようのない正しいものとしてさらに強く受け止めたのではないだろうか。

侍従視察はまさに「戦没勇士の寡婦としての覚悟を新に」させるための「監視」策として行われていた。当人が「監視」されているということを気づいていない、むしろありがたがって受容しているという点で、それは最良の監視方法であったといえるかもしれない。

一九四三年の皇族視察

内務省は続く四三年五月中旬から一一月中旬の間（春秋の農繁期）に、今度は女性皇族、王侯族妃による視察を行った。秩父宮妃、高松宮妃など総数一五名が派遣され、一道二府二六県を分担して巡回視察した。

彼女たちが視察したのは季節託児所、母子保健所、乳幼児保護施設、共同炊事および協同営養施設、健康相談施設、産院、遺家族授産施設、銃後奉公施設、学生生徒の勤労奉仕など、「決戦下地方民の活動状況特に戦力増強に奉公する農産漁村の婦人の活動及びその施設」であった。視察の状況は前年と同様、『昭和一八年　皇族、王公族各妃殿下地方御視察と銃後国民の感激の状況』（一九四四年）と題する報告書にまとめられた。

　ここでも戦死者遺族たちは、主要な視察対象のひとつとなった。福島県の方面委員足立俊雄は、白川《しらかわ》町隣保館（の保育所か）で東久邇宮《ひがしくにのみや》妃を奉迎した。妃は庭に下りて、遺族たちの奉迎する位置に進み、遺族の代表者に「ご鄭重《ていちょう》なご会釈しかもご慰問のお詞《ことば》さえ」賜ったので、遺族たちの間からは軽い嗚咽《おえつ》さえもれてきた。妃は一列に並ぶ遺族にいちいち会釈しながら退館する。そこで足立の眼に妃がふと立ち止っているのが映った。

　妃の前には、八〇歳にも届こうとする故青木文吉伍長の老母キクがいた。彼女は年老いた身を杖に託して「今日の光栄を御待ち申した」のである。「その粗朴な敬虔な態度が妃殿下の御目に止まったのだろう、御会釈を賜る御慈愛の御眼差と御見送り申しあぐるものの眼とがぴたりとし触れあった瞬間だ、キクさんは最愛の児を国に捧げた光栄さを今日程沁々《しみじみ》と感じたこと〔は〕ないであろう」。

　ここでも皇室の慈愛が「粗朴」な一人の老女にまでもおよんでいる。足立は「この光栄この感激、日本なればこそまた日本人なればこそ各自の琴線に響くのだ、米英何するものだ、我等断じて最後まで戦いぬこう」とその決意を語っている。米英の反攻が激しくなったこの時期、国民の「我等日本人」という一体感がこうしたセレモニーを通じて形成されていたのである。

東久邇宮妃は続いて福島県若松市（現会津若松市）を訪問、国民学校前で遺族たちは奉迎した。故陸軍上等兵田中武夫の母・田中サタ（五七歳）は遺族代表として少し離れた所に立たされた。

宮妃は身を少し傾け、彼女に「お戦死なされて誠にお気の毒に存じます体をお大切になさいませ」との「御優しき御言葉」を与えた。彼女は「尚その上にも有難き御言葉がありましたが、余りの有難さ勿体なさに身体が縮まる思いで誠に畏《おそれ》多いことでありますがお言葉をはっきりお聴き取りさえ致し兼ねた程で」、「胸の中では心から『有りがとうございます』とお礼を申上げたい心が一ぱいでありましたが、どうしても口がこわばって声がでませんでした」と感動を語る。

田中は「漸《ようや》く涙の顔を挙げて神々しき御後姿を拝し心の中で両手を合せてお帰りをお送り申上げ」、家に帰るや否や、床の間の戦死した子の肖像の前で今日の光栄と感激とを涙をもって語り、「武坊ほど幸福者はまたとあるまい」としみじみと述べた。「只この上は遺族として力の限り御奉公を励み御鴻恩の万一に報い奉らなければならないと深く心に誓った」。息子の死を嘆く心情は、皇族と直接会話したという感激、名誉心へと転化されたのである。

神奈川県では、秩父宮妃が日本女子大学家政学部第二類生徒の展覧会と防空訓練とを台覧した。遺児の生徒山口弘子の作文によると、彼女ほか遺家族の生徒数名が特に許されて「列立拝謁の栄に浴し」た。妃は特に山口の前に足を止め、「お母さんは御元気」と「おやさしいお尋ね」をした。山口は「数ならぬこの身にこの深き御仁愛の御言葉を拝し奉り、余りの光栄に私は身のおく処も御座いませんでした」、「妃殿下の神々しい御後姿を奉送申し上げながら、私は父なき後の母に孝養を尽くすことを強く強く心にお誓い申し上げ」た。飛ぶようにして家に帰ってこの光栄を母に報告すると、母は恐懼《きょうく》してしばし言葉も出なかった。彼女たちは一同そろって父の霊前に額《ぬか》ずき、「名誉ある遺族としての道を、正しく生き抜く決心を新たにした」のであった。ここでも皇室の〝慈愛のまなざし〟が監視的効果を発揮している。

働く遺族たちを激励

皇族、王公族妃たちの"慈愛のまなざし"は、公営の授産場で働く遺族たちにも注がれた。

伏見宮故博義王妃朝子は大阪市立中央授産場を視察、授産従事者の未亡人森脇ひさえは、

場内御一巡の御後、私の前に御歩を御止めさせられ「夫は何処で戦死を致しましたか」との御下問を賜りましたので御座いますが、作業中の事と余りの有難き御言葉に只々感激に打震い唯「はい」と御答え奉って顔を上げまして　妃殿下の御麗しき御顔を真近に拝し奉っておりました処、市民局長様に再び御尋ねに相成り、重ねて「子供は幾人あるか上の子は何歳、下の子は何歳」と細々《こまごま》有難き御下問を拝し奉り、最後に「しっかりやる様に」との有難き激励の御言葉を戴き、私はもとより一家一同無上の光栄に胸が震えました。

と当時の感激を語り、彼女は「今日かくも尊き御方より種々御配慮を辱《かたじけの》うし、且つまたこの授産場に勤めさせて頂けますのも遺族なればこそ、今は亡き夫のお陰と一層夫に対しましても感謝の念が強くなってまいります」と述べている。彼女は遺族であるからこそ、皇室の親身な「御配慮」を受けられるのである。かくして夫を奪われた悲しみは、「感謝

の念」へと昇華《しょうか》されてしまい、「今後は益々場長様及び諸先生の命を守り二人の子供を御国のお役に立つ立派な国民として養育致し、遺族としての誉《ほまれ》を愈々《いよいよ》高め、この有難き思し召しの万分の一に副《そ》い奉る覚悟でございます」と「誉の遺族」としての決意もにじみ出るのである。

同様の意気込みは、鹿児島県を六月二五日から二八日にかけて巡視した久邇宮《くにのみや》故多嘉王妃の慰問を受けた遺族たちの感想文にも同様に表れている。「私にも六歳の男の子がありまます。御上の御恩に報い奉る事は何よりも先ず此《ま》の子を良く成長させて御国の役に立たしめる事だと朝夕神に念じ夫の霊にも誓って居る次第です」（菊花寮生門脇こめ）、「畏《かしこ》き辺《あたり》におかせられては我々の仕事に対して如何に御心を注がせられておられるかという事を痛感致します。今戦争の真最中で銃後の一人一人の心構えがどんなに前線の戦闘力に影響するかという事も存じています。私達はこの光栄この感激に報《むく》ゆる為め、銃後婦人としてまた出征軍人遺家族として恥ずかしくない様一生懸命力を尽くそうと思います」（軍人遺家族職業補導所機織部にて働く宮田きい、ただし彼女は遺族ではなく留守家族の可能性もある）と。

その遺族たちを監督する遺家族指導嘱託にも、皇室の〝慈愛のまなざし〟はひとしく注がれた。広島県の軍人遺家族指導嘱託・野本あやこは賀陽宮《かやのみや》妃に軍人遺家族指導嘱託として取り扱った事務につき言上した。彼女によると、自分の仕事の対象は戦死者の家庭、応召軍人の家庭であり、そのような家庭の人々の正しき伴侶となることが最上のつとめであるから、一切の事件についてこれまで誰に聞いてもらうでもなく、ただ黙々と歩んできた。しかるにこのたび、図らずもかたじけないご内旨により、応召者の妻の現状や「尽忠の夫の勲《いさお》を永久に守らんとする未亡人の善行」などをつぶさに言上する機会を与えていただいた。そのことは、この仕事にたずさわる者として最もありがたく、「我がむすめ我妹の事どもを申し上ぐるの思い」であった。

野本は「かくも軍人遺家族に垂れさせ給うこの仁慈」はただただ恐懼《きょうく》感激の極みであり、必ずやこれを遺家族に伝え、ますます決戦下日本婦人として殿下のお心に添わせねばならない、自分は指導者としての責任を感じる、と決意を表明している。

皇室の「仁慈」のまなざしが日陰の仕事に就いている自分にまでもあまねく注がれ、これまで誰も聞いてなどくれなかった仕事の意味がついに認められた。遺族ばかりでなくその指導者もまた、かかる高貴なまなざしを受けて、「決戦下日本婦人」としての自覚、一体感を強めていった。それはまさに〝慈愛のまなざしによる支配〟であった。

慈愛のまなざしによる支配2——遺族の靖国神社参拝

靖国を参拝する遺族

〝あるべき遺族〟意識涵養の一装置となったのが、靖国《やすくに》神社参拝であった。

一九三八年、北支で戦死した三重県のある神主の妻は一九四〇年、靖国神社の春季大祭に招かれて上京、約三万名の遺族とともに「日も落ちて夜のとばりがおろされ、いよいよみたましろが居並ぶ私たち遺族の前を通過する時、方々ですすり泣きの声がもれ、息子の名を呼ぶ父母、お父さんと泣き叫ぶ子、主人の名を呼ぶ妻、悲喜交々《ひきこもごも》の光景でした」とその体験を語る。その後彼女は、同年五月にある人の世話で県庁社会課内の軍人援護会書記となり、軍人遺家族の援護や戦死者の弔問など、援護事務に一生懸命働いた（日本遺族会編『いしずえ　戦没者遺族の体験記録』一九六三年）。

三八年四月、徐州作戦で戦死した広島県の兵士の妻は、夫が四〇年に靖国神社に祀られたので、父母と自分、子の五人で「靖国神社にお父さんに逢いに行こう」と参拝した。はじめて参る靖国の宮は、ただおごそかで自然に頭のたれる思いだった。「夜のみたま祭で仮のやしろからみたまを靖国神社に移されたときの笛の音色に、夫の声を聞いた思いがしてはじめて声を出して泣きました」。その時全国から集まった同じ境遇の妻たちと同室で一夜を語り明かしたことであきらめの気持ちがついたという。「つらいのは自分だけではない、という思いで、それから後の我が家はまるで戦場のように大変でした」（広島県三原市戦没者遺族会婦人部編『征きて還らず』一九八七年）。靖国神社参拝は、遺族は自分一人ではない、ということを改めて思い起こさせ、肉親の死を受け入れさせる契機としての役割をはたしていたのである（図11）。

四〇年六月、中国戦線で夫を亡くした山口県の女性は、「当時は勝ち戦の真最中でございましたので、充分な国の処遇を受け、誉れの遺族、軍神の遺児などと何処に行っても肩身の狭い思いをすることなど一つもありませんでした」という。その中でも靖国、護国両神社に合祀されたこと、臨時大祭に参列して感涙したこと、子供たちが毎年山口市や萩市に招集されて慰安に修練に本当に手厚い処遇を受けたことなどが特筆すべきこととして挙

図11　1940年，靖国神社を参拝する遺族たち

げられている。彼女はその後村役場で銃後奉公会の仕事に就くことになり、一九四五年二月、軍人援護会の主催で戦争未亡人を対象とした町村吏員養成目的の講習会が山口市で一ヵ月間開催され、それが吏員の仕事に大変役立ったことから一ヵ月間通いつづけた。彼女は五七年まで村吏員、教育委員会事務員の仕事を続け、その後遺族会の会長となった（前掲『いしずえ　戦没者遺族の体験記録』）。

もちろん、なかには大阪市此花区の戦死者（歩兵上等兵）の兄のように、「近頃は国民の思想が変わって靖国神社に祀られる丈《だけ》で満足する者が少なく、中には不平不満を持つ者がある」（前掲『思想月報』六四号調査）との声もあった。

しかし大多数の遺族は、「弟の戦死に因り種々親切にして頂き、靖国神社の臨時大祭にも参拝させて頂き、この上もない名誉と思っております」（大阪府泉北郡の故海軍三等兵曹の兄〈二二歳〉の談話、前掲『思想月報』六四号調査、所収）と、靖国神社への合祀を一大名誉と考えたし、前出の未亡人のように公的な職を与えられた者もいて、体制への不満、反感を抱くことはなかったのである。

遺児の靖国参拝

恩賜財団軍人援護会は、一九三九年以来、毎年一回、全国道府県・外地在住戦死者遺児の靖国神社参拝を実施した。旅費はすべて同会の負担であった。一九四三年三月の第五回参拝には、全国各地から四八五九名の遺児が参加した。

軍人援護会山梨県支部は、この四三年の参拝後、『社頭の感激』(一九四四年)なる参加遺児たちの感想文集を刊行している。これに感想を寄せたのは参拝した全遺児三一名である。同会茨城県支部も同じ四三年の参拝後、感想文集『社頭の感激——遺児の感想文集』を刊行している。こちらは、遺児八九名が参加している。

茨城県支部編『社頭の感激』によると、軍人援護会は各学校、市町村に対する事前の指示事項として、次の三点をあげている。

①各学校においては朝礼の際または修身科の時間に「何某が　天皇陛下の有難き思し召しによって出来ている恩賜財団軍人援護会の御招きでこの度東京に行き、靖国神社と明治神宮に参拝することになり、学校の名誉である」と照会旁々《かたがた》皇恩の有難き事と国体の尊厳、敬神観念の養成教材として訓話し置かれたし

②補充事業として参拝終了後遺児及び引率指導員は紀行文感想文発刊の予定につき、学校においては行事中の主要点につき正しき記述をなし得る様、日誌記載の指導を為し置かれたし

③遺児帰宅後参拝並びに見学中に受けたる印象、感激の新たなる中に感想文（一〇行二〇字詰め八〇〇字標準）を綴らしめ、受け持ち職員並びに学校長検閲の上、四月一五日当支部必着の見込みを以て郵送せられたし

作文とその編纂は、遺児たちの自発的な行為などではなく、国家に対する恩恵意識を植え付ける「教育」の一環として行われたことがわかる。

茨城県支部編『社頭の感激』によると、参拝前の三月二七日、日比谷公会堂にて援護会総裁朝香宮、皇后よりの下賜品（菓子）伝達式・軍人援護会の式典があり、厚相小泉親彦《ちかひこ》、陸相東条英機《とうじょうひでき》、海相嶋田繁太郎《しまだしげたろう》、軍事保護院総裁本庄繁《ほんじょうしげる》、援護会会長奈良武次《ならたけじ》がそれぞれ訓話を行った。東条の訓話は、くじけそうになったら靖国の父を思い出せ、ビルマの空中戦で戦死した軍神加藤建夫少将も日露戦争の遺児であったが困難にうちかって勉強したので立派な人になれた、皆もそうするように、という内容であった。

これに参加した茨城県西茨城郡北那珂国民学校初等科五年男子は、「日本の指揮官東条先生の立派な姿を見せて頂いて、こんな立派な方かなと、力強さと、仕合わせを感じ、これ皆　天皇陛下の御光りである事を思い、父の名誉と、日本に生まれた幸福を、はっきりと知ることが出来て、私の胸には、強き必勝の信念と、少国民の責任とが深く刻まれて帰

図12　靖国参拝の遺児たち（軍人援護会山梨県支部『社頭の感激』1943年）

宅しました」と当日の「感激」を作文に記している。

しかしそのわずか数年後、東条は戦犯として処刑されてしまう。そのときの児童の心情は、どのようなものであったろうか。

父親と語る遺児たち

感想文中のハイライトとなったのは、いうまでもなく靖国参拝である（図12）。山梨県国民学校初等科五年の女子八巻汀は、参拝の体験と喜びを作文に生き生きと綴っている。

> 翌日はいよいよお父様にお逢い出来ると思うとうれしくて胸が一ぱいになりました。床に入ってもお父様の

事が思い出されてなかなかねむれませんでした。お父様は生きている時私共三人姉妹を集めては口ぐせのように言いました。「お父様は兵隊さんで靖国神社にいる。お前達が学校の成績表を持ってくる頃はかならず靖国神社で待っている。りっぱな人間になってこいよ」と言われたことをかすかにおぼえています……特に参拝をゆるされた私達は、身心をきよめて感激に咽《むせ》びながら荘厳の気に満ちみちたお父様の霊前に全心をこめて額《ぬか》ずきました。私はお父様の霊に向かって「お父様汀ですこんなに大きくなりました。お母様は元気で強い婦人となって私達をお世話して一生懸命農業をしています。私もお母さんの言いつけをまもり勉強して姉妹仲よく軍人の遺児らしくよい日本人となり国を守ります。御安心下さい」と言いました。

東茨城郡稲荷第一国民学校初等科五年の男子もまた、靖国の社殿で父の姿を見、語りかけた体験を記録している。「僕は心の中で『正文は今日おとうさんに会いに参りました。お母さんも元気、おじいさんも、おばあさんも元気で働いています。姉も元気で学校にかよい、また今年妹が学校に入ります』とお話ししました。そうすると何だか父が目の前に現れてやさしい笑顔をされている様子が浮かんで来て思わず『お父さん』とお呼びしたくなり、出来ることならばいつまでもこうしてお父さんの前にいたくなりました。しかしそれはゆるされません」と。

茨城県猿島《さしま》郡五霞《ごか》国民学校初等科六年の男子も、「参拝が終わってかえろうとすると、何だかお父さんがあとを追って、名を呼んでいるようにおもわれてたまらず、後をふりむきながら神社の神殿をたつ時は『これでお父さんとわかれるのだ』と思わずなみだが流れ出ししばらくは止まりませんでした」と書く。遺児たちは、たしかに亡き父親と会って話をしたのである。

先に掲げた遺児八巻汀の作文は、「護国の華と散った父上の名を汚さぬよう立派な人間となってのこされた母上に孝行を尽くし、りっぱな日本人となって国を思う道にふたつはないから女であっても国をお守りするのが父上の御心をお慰めする所以《ゆえん》だと考え、堅く堅くこの覚悟をきめました」との決意を語る。東茨城郡稲荷第一国民学校初等科五年の男子は、「僕は勇士の遺児として靖国の父の武勲を汚すことなく忠良な臣民としての修養をつみ今日の光栄に報いることを固く心に誓いました」とやはり臣民としての自覚を持ったと発言している。作文を書くこと、そして教師たちのチェックをうけることは、そうした愛国の思いをより明確に整理して、記憶する作業にほかならなかった。

ところで、茨城県支部編『社頭の感激』は、「遺児靖国神社参拝の栞《しおり》」からの引用として、前年までに参拝した遺児の感想文を読むと、明治神宮参拝の印象が記されていないのが相当多数あるのは問題であると指摘している。なぜなら「明治天皇の御懿徳《いとく》と靖国神社とは密接な関係があ」るのであり、靖国神社参拝のついでに明治神宮を参拝させる考えでは決してないからである。そのため、事前によく予備教育を施し、明治神宮の参拝を普通一般の神詣でと混同させないように指導することを要請している。

この指示を受けた教師たちの指導の結果、遺児たちは「明治天皇の御思し召しであの靖国神社が祀られ、僕の父もその御恩であの神殿に祀られることが出来たのだと思うと、ひとりで頭は下がるばかりでありました」（茨城県猿島郡五霞国民学校初等科六年の男子）、「明治神宮に参拝しては、靖国神社をおはじめになられた　明治天皇のありがたい大御心をしのび申し上げました」（東茨城郡稲荷第一国民学校初等科五年の男子）と「感激」の作文を書いている。靖国参拝は、自己と天皇制との結びつきを〝主体的に〟考えさせる教育実践の場として設定されていたのである。

戦争展示見学

山梨県の遺児たちは三月二七日に、茨城県の遺児たちは翌二八日に、それぞれ上野動物園を訪問している。児童文学『かわいそうなぞう』でよく知られているように、上野動物園はこの直後の四三年八月から九月にかけ、空襲に備えてライオンやゾウなどの動物を処分している。運よく、遺児たちは生前の猛獣たちを見ることができたのである。茨城県東茨城郡稲荷第一国民学校初等科五年の男子は、「動物園に行きました。『トラ』『ライオン』などものすごい物ばかりでした」と楽しかった思い出を語る。靖国参拝という教育実践が、あるべき遺児の姿という押しつけ一点張りでなく、こうした楽しいイベントと同時に行われたところに教育の巧妙さがある。

さらに遺児たちが戦争に関する博物館展示・施設を重点的に見せられているのは興味深い。それは「父に続くこと」のこのうえない教育だったからである。山梨県師範学校男子部付属校の男子は、

それから〔靖国神社〕遊就館《ゆうしゆうかん》へ入りました。先ず第一に目にとまったのは、軍艦旗、弾丸にあたって左手のボロボロになった軍服でした。私は思わず、もったいなくて頭が下がりました。私は光栄の今日の日に、ほんとうに、決心いたしました。かならず一生けんめい勉強して父の足りなかった御奉公のつぐないの出来る日本人となり、天皇陛下の御ために忠義をおつくしすることを、心の中でかたくちかいました。

という。この遺児は多摩川遊園地の「読売新聞社の落下傘塔」も見学している。この塔は四〇年一一月作られたもので、客を乗せて落下傘降下の実演をしていたものである。彼は

「本物の落下傘を見せていただき、色々の説明していただく中に、私も早く海鷲となって米英をやっつけたいなあと思いました」と書いている。

山梨県増穂《ますほ》国民学校初等科五年の男子にとっても、戦争展示は印象深い見せ物だったようである。彼は靖国神社の国防館を観覧（ここは陸軍関係の展示物が多かった）、女学生がお金を出し合って献納した飛行機愛国号を見学し、

お国に尽くす真心でこしらえた飛行機だと思うと僕はありがたかった。この飛行機は空を飛んでどんなにお手柄をたてたことだろう。去年東京を空襲したアメリカの飛行機の撃ついされたのがあった。その前まで来るとみんながいいきみだ、いいきみだと言ってののしった。僕もいいきみだと言った。

未来の兵士として父の跡を継ぐべき遺児たちは、戦争展示をみて敵愾心《てきがいしん》を昂揚させている。戦争展示が遺児たちの訪問先としてとくに選ばれた所以である。

茨城県真壁《まかべ》郡上妻国民学校初等科五年の男子にとって、戦争展示は父がたてた武勲を直接確認し、しのぶ場所であった。

お母さんに聞かされていた遊就館にはお父様達が南京を攻略する為に使ったはしごが有るからよく見て来なさい。と話されておりましたので気を付けて観覧しましたとこ

ろ、本当に有りました。千葉部隊が南京攻撃の時に使った物だと聞きました。全く大きくて大きくて電気柱程も太いのに僕も胸を打たれました。矢張り日本の兵隊さんは強いと僕らの気持ちを励まして下さる事をしみじみ感じました。

現在の靖国神社遊就館には、遺児がみたこれらの品は展示されていない。それらは、どこへ行ってしまったのだろう。

遺児付き添い教師のまなざし

岡山県津山市第三国民学校の福田勇なる訓導《くんどう》（教師）は、一九四二年三月に行われた第四回戦没軍人軍属遺児靖国神社参拝に同行、その顚《てん》末《まつ》を『遺児と共に』（大新社、一九四二年）にまとめて公刊した。この年の参拝に、岡山県からは八二名の遺児が三月二五〜三一日の日程で参加した。

正規の付き添い教師として選定されたわけでもなかった福田がこの参拝に同行したのは、たまたま受け持っていた児童の一人石井悟《さとる》が足の不自由な遺児で、参加児童は「健康者」に限り、付添人は認めないという規則があるにもかかわらず参拝者として選ばれたからである。彼はせっかくの機会を辞退させるのは忍びない、自分が付き添って世話をしたいと考え、県庁と交渉し許可を得たのであった。

遺児悟の一家は、もともと故郷津山を離れ遠く千葉で暮らしていた。父は製材所でのこぎりの目立てをして生計を立てていたが、家計は決して裕福とはいえなかった。階級は上等兵、日中戦争に応召して北支で病気となり、四一年二月広島陸軍病院で戦病死、一家は三月、故郷津山市に引きあげた。

東京行き列車の中で、車内の客は一様に遺児たちにあたたかい眼差しを注いだ。「靖国神社へ御参拝ですか。嬉しいでしょうね。御元気でね」と、知らない人々が誰でも言葉をかけてくれた。

二七日、全国から集まった遺児たちは、天皇の鹵簿《ろぼ》（行列）奉拝を許された。遺児たちが整列していると、馬に乗った東条首相が現れた。「恰《あたか》も馬上にかがむように『ヤ…ヤ…』と敬礼される東条さんは、よき遺児達のお父さんのようだ……『ああ東条大将だ』『総理大臣だ』子供達の眼は灼《や》きつくように注がれる。挨拶が終わって、馬上姿凛々《りり》しく、風を切って駆けられる軍人宰相東条さんの背後姿《うしろすがた》に遺児たちは限りない親しみをこめて見送るのである」。ここでも東条は崇拝の対象であった。

いよいよ天皇の鹵簿が通過したとき、福田と悟は「丁度《ちょうど》、私達の直前を御通りの時、御挙手の御姿を拝」するという光栄に浴した。

福田は、このときの悟たち遺児の気持ちを「お父さんの御引き合わせで、僕達、私達は、この光栄に浴しました。有り難う存じます。必ず立派な国民となって、御国に尽くします」と代弁してみせている。福田自身も一九三〇年、師範学校三年生の時、中国地方大演習の折りに岡山練兵場で天皇の「尊い御姿を咫尺《しせき》の間〔真近〕に拝し奉り、その光栄にむせび泣いた」、さらに「今またこの光栄に浴し、御民われの感激に心ゆくまで浸るのであった」と感激の念を述べている。セレモニーの場で天皇を直接目の当たりにすることの意味が、当時とわれわれの生きる現代とではまるで違っているのである。

このあと福田と悟は、皇后御下賜の菓子の伝達式が行われる青山憲法記念館まで四キロの道を軍人援護会差し回しの自動車で移動させてもらった。「約五〇〇〇名に余る遺児と引率の方々の中に、只、悟君と私だけが、このご厚情に預かる」ことができた。

二八日の明治神宮参拝を経て、二九日、いよいよ悟ら岡山県の遺児部隊は靖国神社を参拝した。以下は彼が帰郷後その様子を描いた作文である。

本殿の奥深く御鏡がきらきらと光って拝めました。その時僕はもう体中がひきしまって何とも言えない気持ちになりました。松本君が玉串を捧げて二拝二拍手をすまし黙禱していると、もうお父さんの御姿がはっきり目の中に浮かびました。神々しさで一ぱいでした。〔中略、足が悪くてもできる仕事を見つけて、しっかりお国のために働きます、母も姉も弟も元気ですというようなことを〕話したいと思っていましたが途中になって、涙が流れてはっきり言えなくなりました。けれども心の中で固く固く誓いました。その時お父さんも、「足の悪いのを悲しむな、元気を出せ、天皇陛下に忠義を尽くせ」とおっしゃいました。その時これがお父さんの御言葉かと思うと、本当に嬉しく思いました。

彼もまた、靖国に参拝したことで、死んだ父親と再会して語り合えた。慈愛あふれる国家社会はけっして彼を〝父なし子〟とはしておかなかったのである。

なぜ『遺児と共に』は書かれたか

かくして天皇、東条首相以下の政府、果ては一般人に至るまでの「厚遇」を得て帰郷した福田は、自宅に帰り着くと、ふと悟の一家のことが頭に浮かんだ。「懐かしのわが家に落ち着いた悟君が、真っ先に父の霊前に御下賜の御菓子を捧げ、燈明をあげて無事帰郷の報告をする姿。家族揃って土産物を眺め、暖かい社会の情に感謝し、これも偏《ひと》えにお父さんの御陰だと、今更の如く誉れの家の有り難さに心ゆくまで浸っていることであろう……」と想像した。このように、福田の記述の力点は、そうした恵まれない立場の遺児がどれだけ教師たる自分、ひいては政府当局、社会一般の厚遇を受けてやまなかったか、という点に置かれている。

なぜそのような性格を持つ本が書かれねばならなかったのか。福田が悟に同行したのは、そもそも彼自身が「陸軍伍長の在郷兵士」で対米英開戦の報に「愛国の血はたぎり立」つような人物だったからであった。そして本来ならば参加を思いとどまらねばならなかった悟が「行けぬ身と知ればなおさら、聖なる社頭に晴れて父の名を呼びたい心は慕る」だろうと考え、「まだ世間の喜びも悲しみも知らない無邪気なるべき子に、自分の身体の至らなさを悲しませる。ここに生ずる大いなる失望と将来への悲しみを考えれば、受け持ち教師としてこれを見るに忍びなかった」からだとも説明されている。だがそれだけであるならば、福田の奮闘の結果、悟は無事参拝を終えることができたのだから、わざわざ本書が書かれる必要などなかったのである。

結論から言えば、本書は、前線の兵士たちに、戦死者の遺児に対しては官民挙げて絶大な厚遇を与えている、だから安心して戦ってこい、というメッセージを広く伝えるべく書かれた。そのことは福田の次の記述からも明らかである。

これ等多数の遺児の慰撫と激励は、英霊に対する感謝の一端となり「父に会いたくば靖国へ」と遺して征《い》った勇士の子等が、社頭参拝に全国から九段へ九段へと馳《は》せ参ずる状景は、今また故郷に妻子を残し、戦線にある将士の方々が、如何程《いかほど》大きな感激をもってこの状況を眺めることであろう。（『遺児と共に』）

ここで意識されているのは、家に幼い子供をおいて戦っている前線兵士の視線である。突き放した言い方をすれば、遺児の境遇が恵まれないものであればあるほど（本書の主人公の遺児悟は足が悪く、家計も決して豊かではない）、それはかっこうの前線兵士向け宣伝材料たりえた、ということになる。どんな子供であれ、けっして国家社会は見捨てたりはし

図13　悟を背負う福田
当時新聞に掲載されたもの（『遺児と共に』）.

ない、と。

本書には軍事保護院総裁本庄繁が題字を書き、表紙には軍人援護会、大日本忠霊顕彰会（全国市町村に忠霊塔を建てる運動をしていた団体）推薦の文字があるが、それも本書の持つ一種の宣伝的性格によるのである。

悟を背負う福田の姿は、写真特報として同盟通信社より発表され、新聞に掲載された（図13）。おそらく慰問品のひとつとして前線に送られた新聞などの媒体を通じて、この「美談」は前線兵士にも伝わった。『遺児と共に』の末尾には、前線の部隊長、参謀クラスの川上貞登少佐、白井喜久雄少佐、河辺正三大佐の「感激」に満ちた書状とともに、「○○戦線にて一兵卒」と題された書簡が収録されている。この「一兵卒」は「先生の御厚情で可憐な遺児石井少年が社頭参拝が叶ったことを承り、この戦線にある何百人もの戦友たちは、ただ感激の涙で御礼申しています。『ああよくやって下さった』と荒々しい戦線の涯《はて》まで何となく晴々した気持ちになりました」と記している。

また別の「或勇士の方」からも、「『自分も故郷に妻子を残しています』と遂に（既に？）覚悟の勇士が『私の一生この頭から放れることは出来ません』『恐らく戦地でなければ味わうことが出来ないと思います』と切々の感激の書状に接した」という。

『遺児と共に』に込められていたメッセージは、間違いなく前線にまで伝わったわけである。これもまた、"慈愛のまなざしによる支配"の一場面であった。

国家、そして社会への感謝

こうした国家社会の慈愛に満ちた"厚遇"をうけた遺児たちはどのように感じたのであろうか。山梨県の増穂国民学校五年の男子は、

お父さんのおかげでこんなにまでして頂ける僕は本当に幸福だ。遺児の名にそむかぬようにうんと勉強してりっぱな日本人になるのだ。そうしてこんなにまでして頂いたお国の御恩に報いるのだ。早く大きくなって僕も兵隊になりお国の為に一生けん命に働くのだ。

との決意を作文に記している（前掲『社頭の感激』）。同県の安都《あつ》国民学校五年の女子も、

私達遺児を社会の人々がこんなに大切にして下さいます有難さに感謝しています。御恩の万分の一にもむくいなければならないと思いました……その夜お母さんを始め家中の者が　皇恩の有り難さ援護会の方々の有り難さに感謝いたしました。これより靖国神社でお誓いした事を守り　皇恩、社会の人々の御厚志の万分の一にもつくせるよい日本人となり靖国のお父様を安心させたいと思います。

と考え、「帰りの汽車の中でいろいろのことで胸が一ぱい」になった、という。遺児たち

はともに天皇や「お国」のみならず、社会一般の「御恩」に応えねばならない、と誓っているのである。

この軍人援護会主催の靖国参拝に参加した遺児自身が大人になってから記した回想が、遺族会誌を管見した範囲では一例だけあった。

静岡県浜松市在住のある遺児は、三回目の応召となった父を三七年一〇月、上海の戦闘で失った。彼は小学校五年の時、軍人援護会主催の第五回戦没者遺児靖国神社参拝行事（四三年三月二五日〜三〇日）に参加、そのことを戦時下「特に有難く思った」体験として回想している。二七日、日比谷公会堂で厚相主催の御紋菓伝達式に参加、小泉厚相や東条首相兼陸相、嶋田海相から訓辞をうけた。「立派な髭《ひげ》を生やした大臣には、何となく恐さを覚え」つつも、「多忙な各大臣がこうしてわざわざお出で下さるのだから、この恩は、きっとお返しをしなければと思った」。ついで軍人援護会主催の式典に移り、総裁の朝香宮の訓辞をうけ、「この言葉を心底から受けとめ『よーし!!』と歯をくいしばったのを覚えている」という。翌二八日、いよいよ靖国神社を参拝、「お父さん。僕は、こんなに大きくなりました。ご安心下さい。きっと志を継いで立派な人になります。お母さんは丈夫でいます。また、弟たちも元気です」と言い、「とてつもない大きい仕事をしたような充足感」を感じた（静岡県浜松市）庄内地区戦時体験刊行会『平和への祈り』二〇〇〇年）。

彼はそのような自己の体験を、「靖国神社への参拝というすばらしい体験は、私が遺児であるが故にできたことであった。今にして思えば、県や国では多額の予算を組み、遺漏ないよう細心の心づかいをして下さったのだと思う。また、その関係者ばかりでなく、私たちを取り巻く人たちの遺児への励ましは、筆舌に尽くすことのできない程大きいものであった。私たちが移動する度に、出迎えや見送りをして下さったこと等が、その証左である」と総括している。〝慈愛による支配〟は戦後五〇年以上たってなお、継続している。

だが、彼らのそうした思いを大人たちは醒めた目で見ていた。確かに国家・社会は遺児たちを優遇して好待遇を与えた。だが、それはいみじくも「君達が偉いのではない。お父さんが偉いのだ」と陸海軍大臣が訓話で述べた（茨城県東茨城郡稲荷第一国民学校の男子生徒作文）ように、戦死した兵士の名誉を賛美して、後に続く兵士たちを同じように死へと向かわせるのが目的であった。

さらに一方で社会は遺児たちを〝父親のいない子〟という偏見のまなざしでも見ていた。そのことは、参拝に付き添って指導したある山梨県国民学校校長の発言が如実に示している。

上は皇室を始め奉り、国家社会全般から尊敬と感謝を以て優遇愛護して戴く遺児たちの教養こそ、実に軍人援護事業中重大な問題であり、国家の重大事業であると存じます。即ち父は国家最高最大の奉仕をして神霊として靖国の社に神鎮《かみしず》まる、その子は誉の子として国家社会の恩寵を受くる反面、鋭き注視の眼は向けられております。而《しか》も薫化育成の基礎的道場たる家庭には、慈母は在っても厳父が無い。実に遺児の家庭教育は至難事であります。(「第五回遺児靖国神社参拝行事を終わりて」、『社頭の感激』所収)

この校長にしてみれば遺児たちの身の上を思いやってのことではあろうが、親を除けば彼・彼女らに最も近い立場にあるはずの教師までもが、ある「鋭き注視の眼」を遺児たちに向けていたのである。遺児は父親の名誉を受け継いですぐれた人間――兵士となるべきである、しかし父親がいないのでまっとうな人の道を踏み外す危険性がある、だから常なる「監視」が必要だ、という思考法であった。「社会の人々」の思いやりのおかげで靖国で父に会えたと思った、あるいは思わされた遺児たちは、そうした偏見のまなざしにどこまで気づいていただろうか。彼らは戦後成長して就職を迎える時、片親だというただそれだけの理由で就職差別に逢い、ようやくそれに気づかされることになる。遺族会誌（史）にはそうした回想談が多い。

敗戦直後〜占領期の遺族たち

敗戦後遺族の生活実態

一九四五年八月、国民の努力にもかかわらず、日本は敗れた。敗戦直後の遺族たちはどのような生活を日々送っていたのだろうか。断片的な事例であるが、一九四六年に大阪市社会部がまとめた『社会部報告第八号　戦死戦災死者遺族調査報告』(発行・大阪市役所)から、その実態をかいまみよう。

大阪市の社会調査

調査対象は市内に現住する戦死者、戦病死者、戦災死者遺族であり、調査現在は一九四六年八月二〇日である。調査方法は区、町連(町会連合?)、町会を通じ該当世帯に調査票を配布して記入を求め、配布時と逆の順路により社会部が回収、集計した。

大阪市内の戦死者(以下、戦傷病死者も含む)遺族数は一万一七六四世帯・五万五七五五人

（同市の総世帯数は三八万一六四八、人口は一三八万二一六六人）である。

戦死者遺族を所属町会長の認定によって生活程度別に区分すると、遺族総数一万一七六四世帯（五万〇五七三人）中、生活豊かなりと認められる甲世帯は一五七三世帯（一三・三％）・七八九七人（一五・六％）、生活に支障なしと認められる乙世帯は六五八五世帯（五六・一％）二万九三五七名（五八・〇％）、生活困難にして扶助を要すると認められる丙世帯は三四二一世帯（二九・一％）一万二六三三人（二五・〇％）、不詳一七〇世帯（一・四％）六八八人（一・四％）である。二割五分以上の者が生活困難者と認め得ることになる。

戦死者と現世帯主との続柄は、戦死がその世帯の生活にいかに響いたかを測定するバロメーターであると報告書はいう。一番多いのは子を失った世帯（六八七二世帯、五八・四％）、次いで夫（二二二八世帯、一八・九％）、兄弟（一九〇六世帯、一六・二％）、その他（三二一世帯、二・六％）、父（一三〇世帯、一・一％）である。

戦死者の生前の職業は、給料生活者三四六九世帯（二九・五％）、労務者四七八八世帯（四〇・七％）、自営業者一八七九世帯（一六・〇％）、無職六三五世帯（五・四％）、その他四三二世帯（三・七％）、不詳五六一世帯（四・七％）である。

年代別の戦死者数の変化をみると、一九三七年以前〔正しくは前か〕に戦死したのはわずか二〇人（世帯数に占める割合〇・二％）だが、三七年には総数の一・五％、三八年三・一％、四〇年までは大差なく、四一年三・六％と漸増、四三年に至って前年の二倍一一・三％に上昇、翌一九年三八％、四五年二五・三％、四六年一・四％である。

現世帯主の性別は、総世帯数一万一七六四のうち、男が七一七〇（六〇・九％）、女が四五九四（三九・一％）である。その年齢は男世帯主では五〇歳代が最も多くて三九・八％、女世帯主は三〇歳代三三・四％である。この数字は男女の世帯主がそれぞれ父親、未亡人が主体とみられること、つまり遺族たちが頼りの息子・夫を奪われたことを端的に示す。

戦死者遺族世帯主のうち、職業を有する者（有業者）は五六六八人（遺族世帯総数中の四八・三％）、有しない者（無業者）五六八六人（四八・四％）、不詳四一〇人（三・三％）である。男女別に見ると、男世帯主の有業者は四五八二人（男世帯主総数の六三・九％）、女世帯主のそれは一〇八六人（女世帯総数の二三・七％）であり、女世帯主の有業者比率は極めて低い。有業者の職種は給料生活者が最多だが、その男女別有業者世帯中に占める割合は男子三七・九％、女子五一・六％と女子の方が高い。

一方の無業者を働ける者と働けない者に分けると、働ける者は男子七六〇人・女子一二九二人、働けない者は男子一三四二人・女子一六八六人である。働ける者のうち内職をしている者は男子二〇八人・女子五九九人である。女子で働いている者が少ないのは「子女の養育その他家庭事情に制約され、職を外に求め難きもの多」いため、というのが市の分析である。

戦死は遺族たちの生活にいかなる影響を与えたのだろうか。戦死者遺族世帯の戦死前における生活手段は、総数一万五三六六件（複数回答）のうち、最高は戦死者の賃金給料によるもので四八二四件（三一・四％）、家族の賃金給料（二四・七％）、商売（一四・四％）、貯金引き出し（九・七％）、家財売却（四・三％）、公の扶助（三・二％）、親族よりの扶助（一・一％）、その他（一・六％）、不詳（八・六％）という結果であった。すなわち賃金給料、商売などの「積極的生活手段」によるもの七〇・五％、貯金引き出し・家財売却・公私の扶助など「消極的生活手段」によるもの一九・三％となる。

これが戦死後になると、その生活手段一万七五四二件のうち、世帯主本人または家族の賃金給料五〇〇二件（二八・五％）、貯金の引き出し（二五・三％）、家財売却（一八・〇％）、商売（七・三％）、公の扶助（七・三％）、親族よりの扶助（五・四％）、その他（二・六％）、不詳（五・六％）で、「積極的生活手段」三五・八％、「消極的生活手段」五六・〇％へと変化している。

このように、戦死後における遺族の生活手段は、貯金引き出し、家財売却、公私の扶助などの「消極的生活手段」が著しく増加している一方で、商売などへの依存率は減っている。これらの事実は、戦死がその家族の生活にいかに大きく響いたかを実証する。

未亡人世帯の生活実態

『調査』はとくに未亡人世帯に着目して、その生活実態報告に頁をさいている。以下の数値は戦死者・戦災死者未亡人を合算したものであるが、その総数は二五八九世帯八七一一人である。それが市内在住戦死・戦災死者遺族総数中に占める割合は、世帯数において一八・八％、人口において一四・八％である。

この未亡人世帯を生活程度別に甲乙丙で分類すると、甲世帯は一三四（四九二人）、乙世帯は九八六（三〇六二人）、丙世帯は一四三三（五〇四六人）、不詳三六（一一一人）である。これを前出の遺族全体の傾向と比較すると、遺族全体に甲世帯が占める割合は一二ないし一三％であるのに、未亡人世帯総数中に甲世帯が占める割合は五・一％と低い。一方乙世帯は遺族世帯全体で五六ないし六一％であるのに対して未亡人は三八％、丙世帯は遺族世帯全体では二七ないし二九％なのに、未亡人世帯では五五％ときわめて高い。つまり、未亡人たちは遺族世帯のなかでもよりいっそう困窮している人々だったのである。

彼女たちの亡夫の職業は労働者一〇五九人（四〇・八％）、給料生活者七三七人（二八・五

％)、自営業五八七人(一二・六％)、などである。

未亡人世帯主の年齢構成は二一―三〇歳代二五・一％、三一―四〇歳代五五・三％で両者を合わせると総数の八割以上にのぼる。一世帯の平均人員数は三・四人(大阪市在住者の総平均は三・六人)である。

戦死・戦災死者未亡人世帯二五八九の夫戦死前の生活手段は、その総数三一七五(複数回答のため世帯数より多いと思われる)のうち、最高は戦(災)死者の賃金給料一四〇〇件(四四・一％)、貯金の引き出し三八四件(一二・一％)、商売三七八件(一一・九％)、公の扶助二四一件(七・六％)、世帯主または家族の賃金給料二一〇件(六・六％)、家財売却二〇六件(六・五％)、その他四九件(一・五％)、不詳一七〇件(五・四％)である。

これが戦死後になると、総数四一〇四のうち、最高は貯金の引き出し一〇三八件(二五・三％)、家財売却九四六件(二三・〇％)、現世帯主または家族の給料賃金六六五件(一六・二％)、公の扶助六五五件(一六・〇％)、親戚の扶助四一三件(一〇・一％)、商売一一六四件(四・〇％)、その他一一四件(二・八％)、不詳一〇九件(二・六％)である。

戦(災)死前後で「積極的生活手段」への依存率が六二・六％から二〇・二％に急低下したのに対し、「消極的生活手段」は三〇・五％が七四・四％へと急上昇している。この「消極的生活手段」への依存率は遺族全体のそれ（戦死者遺族全体で五六％、戦災死者遺族全体で五二・七％）に比して格段に高く、「未亡人世帯の生活の苦悩を雄弁に物語っている」と調査は指摘する。

以上の分析を通じて、この調査は援護の手をいっそう広げる必要があること、とくに子女の養育などの家庭事情に制約される未亡人世帯に対しては、授産・授職に努力すると同時に、託児所その他の施設を通じて就労を可能ならしめるよう配慮することが必要と結論づけている。

婦人合作社

遺族たちは、大阪市の調査が如実に指摘したように、働かねばその日その日を生きていけなかった。『婦人朝日』一九四七年三月号は、東京都牛込区（現新宿区）原町同胞援護会内に設立した「明美洋裁合作社」の記事を掲載している。合作社とは中国に存在した協同組合のような組織で、「復員軍人や引揚者が就職難に当惑したあげく、在華在満時代の合作社を想い出して、始め」たものである（図14）。

明美洋裁合作社は「遺家族婦人ばかりの合作社で、夫を失って収入のあてもなく、配給品まで売って口すぎをした、そのどん底生活から、同士手をたずさえて更生の道をきりひらき、職業補導所で習い覚えた洋裁をたよりに始めたものである」という。「資本だけの参加を拒否し、全員が社員であり、全員が出資し、全員が勤労し、平等に利潤をわかっていくという進歩的な経営形態が、果たして将来伸びていけるかどうか」と記事が懸念しているように、おそらく組織として発展することはなかっただろうが、遺族未亡人たちがかつて国の政策として習わされた洋裁を生活の術としている様子がうかがえる。

農村でも状況は同じだった。四五年六月、沖縄で戦死した広島県の兵士の妻は農家の嫁であった。「朝から晩まで人の二倍も働いた。夜になっても主婦の仕事で遅くまで、ほん

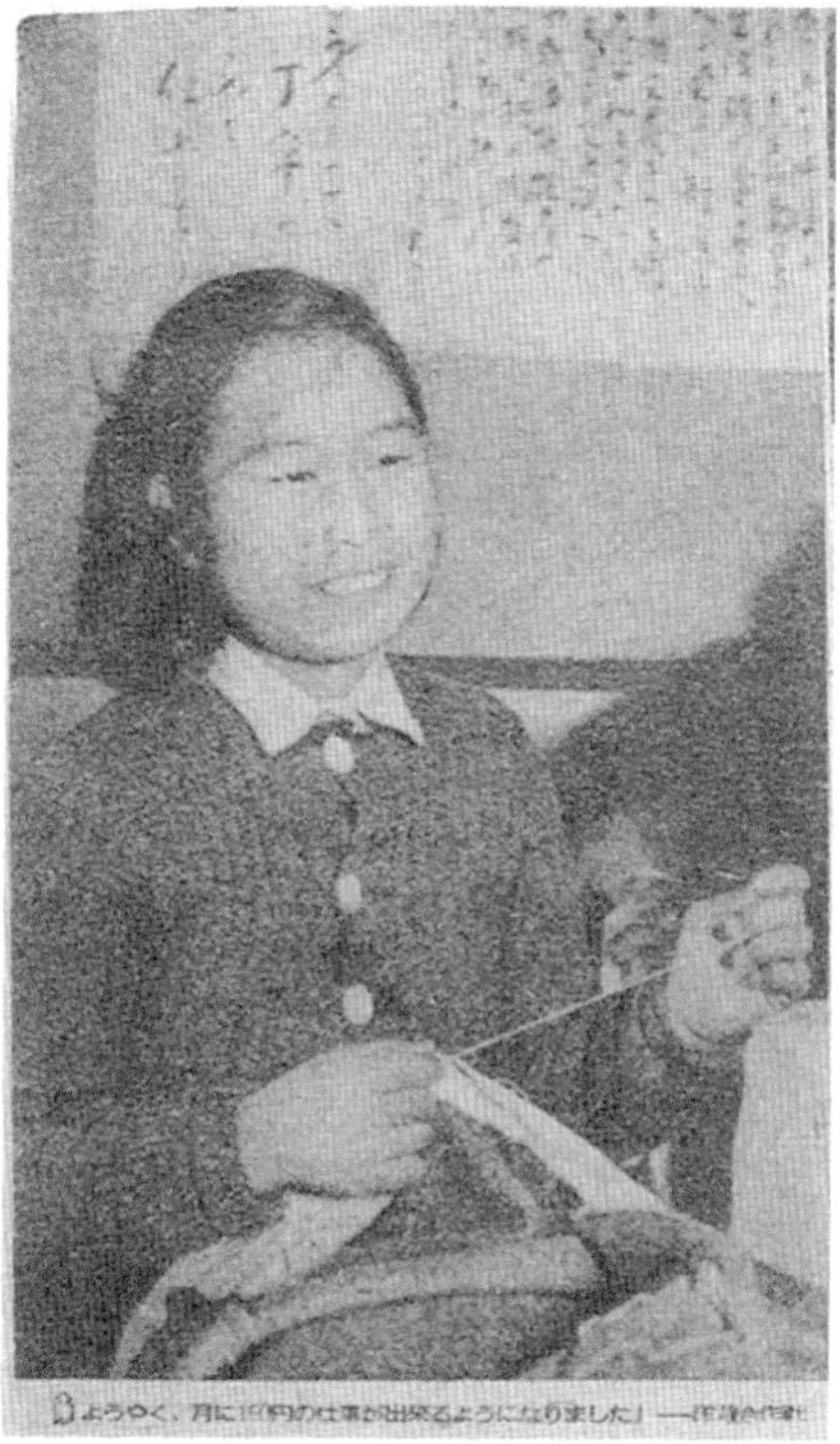

図14　明美洋裁合作社
(『婦人朝日』2-3，1947年3月)

とに子供がいるから働けたと思う」と回想する。どんなに働いても、いい作をしようと思えば肥料代もかさむので農協で借りる、取り入れが済んだら支払うで、生活は楽にならなかった。独立後の五三年に国から扶助料が入ってくるまではその繰り返しだった。その間には女一人だと馬鹿にされたことも、風呂に入っている時に覗かれたこともあった。「帰れ帰れ」と水をぶっかけたという。

彼女は、「何故、夫が戦死したからといってこんな思いをしなくてはいけないのだろう。出征する時には、『後は引き受けたから……』と言ったくせに。世の中ってどうしてこう冷たいのだろうと怨んだこともあった。家の前に他家の自転車がとまっていたというだけで変な目でみられたこともあった」（広島県三原市戦没者遺族会婦人部編『征きて還らず』一九八七年）と掌《てのひら》を返したような世間の態度を難じてやまない。

生活保護法

生活保護法（一九四六年制定）もあるにはあった。しかし皆がそれに頼ったのではない。四五年四月フィリピン・セブ島で戦死した神奈川県の兵士の妻によると、洋服の仕立てをしたがそれだけでは生活できず、肉親の世話になっていた。すると五一年ごろ、町内の民生委員（方面委員の後身）が「戦死者の妻なのだから生活保護を受けられますよ」と親切そうな顔でやって来た。「色目づかいの言葉に、きっぱりと断った」（神奈川県民生部援護課編『かながわ戦没者遺族の手記　あなた精一杯やってきましたよ』一九八二年）という。福祉行政が常に誠実であるとは限らなかった。

フィリピンで戦死した神奈川県の陸軍兵長の妻も、三、四俵の自作米と配給による食生活にあらゆる貯金を使い果たし、雀の涙ほどの配給肥料に頼って農業を営んでいた。しかし生活保護を受けざるを得ず「最低生活に喘《あえ》いでいる時」、やはり民生委員から「相当な親戚も在り、多少の田畑もあるのだから……保護費を受けるのは名誉な事ではないんだから」といわれた時は、「口惜しさに慄《ふる》える体を如何《いか》にしようもなく」、独立後遺族年金が復活すると第一番に保護費の辞退に行ったという（平塚市教育委員会編『平塚市戦没者名鑑』一九五九年）。

大阪市の未亡人も、四八年二月戦死の公報をうけて以来、昼は会社勤め、夜は内職をし、生活保護をうけてようやく命をつなぐことができたものの、「民生《（ママ）》保護を受けると近所がうるさく、とやかくいわれます……主人さえ生きていてくれれば、民生保護なんかうけないで、大きな顔をしてゆけるのにと、何度思ったかわかりません……子供がたまに映画に行っても、近所の人は毎日映画に行っているようにいわれます」と言う（大阪市遺族会編『戦没者の妻の記録』一九六〇年）。同じ大阪市の別の未亡人は、近所の投書のせいで生活保護を打ち切られてしまった。「ミシン仕事の定職」につけたことが原因らしい。彼女は「自分の不甲斐なさ、愚かさが身にしみて、二度とどんな苦しいことがあっても保護は受けない決心」をしたという。ちなみに敗戦後の大阪市では、遺骨が帰って来たとき、五八〇円の金が渡されたそうである。内訳は死亡賜金二七〇円、葬祭料四〇円、出頭旅費二七〇円であり、「大切な人間の命が、五百《（ママ）》円でどうしてこれから先の生活をしていけるでしょう」と遺族の憤激を呼んだ（前掲『戦没者の妻の手記』）。

軍人恩給復活後も、遺族に対する近隣の眼には厳しいものがあった。

三重県の戦死者遺児（父親は彼女が生後六ヵ月の四五年三月、レイテ島で戦死）は、「女手一人で生計を立て、交際〔費〕は、いなかの事とて、女だからといって少なくするわけにはいかず、いくら母が働いても、右から左への金の動きである。しかし世間の目は恩給恩給と冷たく光る……中学校の時、『ゴケさんの子』といわれるのがいやでいやでたまらなく、勉強、運動につけて何一つ、誰にも負けはしなかった」（日本遺族会編『いしずえ　戦没者遺族の体験記録』一九六三年）。遺族への嫉妬・好奇のまなざしは戦前も敗戦〜独立後も結局変化することはなく、後になるにつれむしろ表面化した（図15）。

その経験が、どこかで彼女たちを、夫や肉親の死の正しさ、言い替えれば彼らはなぜ英霊なのか、という点において意固地にさせてはこなかったか、と考えるのは思いこみが過ぎるだろうか。この作文が収録された記録集の『いしずえ』という題名は、「祖国に殉じた英霊の精神」を顕彰し、「平和日本建設の精神的礎石」にせんとしてつけられた。収録の選定基準のひとつには「戦後の物心両面の苦境に苦しみつつも生き抜いてきた遺族としての誇り」が具体的に描かれているか否か、ということがあった（同書「編集後記」）。そうした考え方から、肉親の死は不正義な侵略戦争のためであった、などという発想はなかなか表に出てこないのである。

図15　『遺骨を抱いて』（1953年）
中身はエロ小説で，生活に困った将校の未亡人が，夫の敵の米軍将校の子供を宿す．占領下であれば発行できなかっただろう．

帰らない遺骨

戦中の軍は最期の様子を告げた

敗戦後の遺族たちにとっての問題のひとつが、肉親の遺骨のゆくえと最期の状況をどうやって知るか、ということであった。私はこれが戦後遺族の意識のあり方を規定した一大問題であったと考えるが、これについて述べる前に、まずは戦中の状況がどうであったのかをみていきたい。

戦中、前線の部隊は、戦死者の遺族にその死に様の状況をくわしく報告していた。先に日中戦争期の遺族に対する前線からの報告文例を紹介したが、太平洋戦争中もそれが途絶えたわけではない。

一九四三年八月、南太平洋のニュージョージア島ムンダで戦死した三重県出身の陸軍兵長の上官（大尉）は、同年一一月遺族に宛てて「御子息　喜郎殿去る八月三日共栄圏の最前線たる○○○において伝令として重要任務中あの憎き敵弾の為勇壮なる名誉の戦死を遂げられ大東亜建設の礎石となられ候……御遺骨早速還送致すべき処、船舶関係等により若干遅延するやも計り難き状況につき悪しからず御了承下されたく伏して御願申上候」とその死に様を書き送っている。彼が遺児にまで「アナタタチノシンライスルオ父サマハコノタビメイヨノセンシヲ、トゲラレマシタ、カナシイデショウ、オジサンモ、オサッシイタシマス……オトウサンハ、ヤスクニノ社カラツネニ守ッテ下サイマス」と述べているのは目を引く（三重県多気郡）多気町遺族会編『帰らざる兵士たち　多気町戦没者の記録』一九八九年）。

インパール作戦以降のビルマ戦線で英軍が捕獲した日本将校のメモには、「一、戦死者遺族に対し中隊長直筆を以て戦死の状況を最も速《すみやか》に出す様　二、遺留品は葉書一枚なりとも多く出す様」とあったという（大庭定男『戦中ロンドン日本語学校』中公新書、一九八八年）。藤井忠俊氏は、こうした前線からの状況報告、遺骨の還送、そして前出の盛大な村葬をあわせて「戦死をめぐる体系」と呼び、それが機能してはじめて国民の戦争協力の基礎は固まりえたと指摘する（藤井二〇〇〇）が、ここでの問題は戦争末期〜敗戦後の遺族たちがいかに扱われたかである。

戦争末期の四五年一月、中国戦線の空中戦で戦死した陸軍曹長（戦死時二一歳）の隊長は月末、「連日連夜の奮闘に逐次戦果も上がり、特に納〔人名〕君の如き単機敵を撃墜する等、漸《ようや》く各人自分の腕に自信を抱き始めた頃……高倉機もとより奮闘敵を撃墜、意気大いに昂《あが》っておりましたが、多砲装備を誇る敵弾は遂に高倉機を貫き、壮烈なる自爆を遂げたのであります」と遺族に書き送っている（前掲『帰らざる兵士たち　多気町戦没者の記録』）。この段階に至っても、戦死者遺族は肉親の最期の状況を知ることができたのである。もちろん、死者の所属部隊が空路で内地と連絡できる航空隊だったという特殊事情はあるだろうが。

四四年一〇月、ビルマで戦死した群馬県の陸軍兵長の妻は、四五年六月、寺に遺骨を取りに行くと、真っ白な骨箱が並ぶ中で、夫の骨箱のみが土色に色あせた布に包まれ、その四隅はぼろぼろに破れていたという。遠い戦地からはるばる届いたのであろう。後日、戦友の人から便りがあり、夫は斥候《せっこう》（偵察）に行って地雷にかかり戦死したこと、中隊長が日本刀で親指を切り落として体は山の頂上に深さ五尺の穴を掘って埋葬し、指は戦友たちが交替で首に掲げ戦争したことなど、詳しい状況を知らせてくれたという（太田市遺族会編『太田市遺族会誌』一九七九年)。

ちなみに、彼女は遺骨を受け取った帰りの車中、駅員の「遺族の方に席をあけてください」との声で席に座ることができた。このころはまだ、夫の死は社会的名誉だったのである。

そのことが必ずしも名誉ではなくなった敗戦後も、遺族たちは運がよければ肉親の遺骨・遺品を受けとり、最期の状況を聞くことができた。

北京の病院で戦病死した山形県の陸軍曹長の姉が語るところによると、終戦の翌年、病院で一緒にいた看護婦が訪ねてきて、遺骨の分骨だとわざわざ届けてくれたので大変感激したという(東田川郡)藤島町戦没者追悼誌刊行会編『藤島町戦没者追悼誌』一九八一年)。

フィリピン・サマール島で戦死した陸軍伍長(二七歳)の戦友は、町の追悼録編纂者の求めに応じ、伍長は米軍・ゲリラの攻撃や食糧不足、熱帯の気候といった悪条件下で病を得、最後まで任務遂行に頑張ったが、ついに病気には勝てず、島の密林の中で最期を遂げた、と証言している。この戦友は埋葬の時、死者の指を切り骨にして終戦まで肌身につけ、内地帰還のさい先発した別の戦友から遺族に届けてもらった(前掲『藤島町戦没者追悼誌』)。

中国雲南省龍陵で戦病死した陸軍伍長の妻も、四七年になって血のついた子供や彼女の写真、印鑑、つめ、毛髪が入った箱を受け取り、「夫はいつもズボンのポケットに、写真を入れて歩いていたこと」、「足に鉄砲の玉が直撃した」ことを生還した戦友と思われる人物から聞かされている（福井県坂井郡三国町遺族連合会編『祖国の華』一九九一年）。こうして、遺族たちは肉親の死を確実なものとうけとめたのである。

しかしこれらの事例は例外に近い。太平洋戦争の後半は内地と海を隔てての玉砕の戦争であったため、遺骨が帰ってこないケースのほうが大部分であった。

遺骨の代わりにきた物

波平恵美子氏は、戦局の悪化の中で日本の軍は遺骨のかわりに戦地の砂や石、はては「霊璽《れいじ》」を遺族に与え、遺族の側もこれを肉親の霊の宿った物として「受け入れた」と指摘する（波平二〇〇四、図16）。戦後の遺族会誌をみても、遺族たちが肉親の遺骨とその代用物に関して記した回想談は多い。

例えばフィリピンで戦死した神奈川県の陸軍兵士の姉は、四六年八月になって、ようやく「二〇年八月三一日、比島セブ島において最後の突撃せり」と生死不明の公報を、四八年正式な戦死の公報を受け取った。それでも弟の死が信じられず、ひたすら帰って来てくれることを願い、なんとしても消息が知りたくて、陸軍の引揚事務局があった千葉まで出

図16　アッツ島戦死者遺骨の帰還（1943年）
玉砕した孤島より遺骨が帰るはずもなく，中身は何か代わりのもの．（毎日新聞社提供）

かけいろいろと調べてもらったが、兄の中隊はほとんど戦死してしまっていた。ただ幸いにも外に異動した人が生還していたので、その人に書簡で問い合わせたが、詳しいことはつかめなかった（神奈川県民生部援護課編『かながわ戦没者遺族の手記　あなた精一杯やってきましたよ』一九八二年）。

ようやく四八年秋、兄の遺骨が帰ってくることになった。遺骨の引取所は横須賀の寺で、「まるで犬死だった兄の死」となんとも言えない惨めな気持ちで遺骨を抱き、あふれそうな涙をこらえつつ帰った。戦果の華やかなころ戦死した者の遺骨は村中総出で出迎えられ、村葬だったのに、兄の遺骨が還ってくるころは誰一人の出迎えすらなく、まるで非国民のようだった。彼女はそれを「不運」とうけとめている。

そのうえ、骨壺の中は「蛭田政二之霊」との一枚の紙があるだけだった。「せめて、待っている家族のために、土塊《つちくれ》でも石塊でもよい、何か証しになるものが欲しかった」と思いつつ、骨壺を埋めたという。骨がかなわないのなら、せめて戦中のように最期の地から持ち帰られた故人ゆかりの〝もの〟だけでも与えてほしい、という心情がうかがえる。

このほか箱の中身は、名前と南無阿弥陀仏の文字が書かれた紙一枚（三重県飯南《いいなん》郡）飯南町遺族会編『草々の詩　飯南町戦没者の記録』一九八六年）、「英霊」とゴム印の押してある木片（〔長野県〕中野市遺族会編『平和へのいしずえ』一九九五年）、「徳武公雄之命《のみこと》霊璽《れいじ》」と記された薄板（同）、「真っ白な、小さな貝殻が一ヶ」（東京都秋川市〈現あきる野市〉遺族会編『秋川市遺族会誌』一九八六年）とさまざまであった。要するに復員省（敗戦後陸海軍省は改組され、それぞれ第一・第二復員省となった）の出先担当者がなんの基準もないまま、適当と考えたものを入れていたようである。なお、霊璽となって帰って来た兵士は出征時、原隊に髪と爪を残してあるから戦死の時には遺品として届くはずだ、と言い残していったが、結局それらは届かず遺族の怒りを買った。

しかしそもそもなぜ、敗戦後の遺族たちはかくも遺骨のゆくえを問題視したのだろうか。

なぜ遺骨が問題であるのか

一九四五年四月、フィリピン・セブ島で戦死した神奈川県の兵士は、妻の回想によると、三ヵ月の教育召集ののち本召集となり、そのまま出征した。戦争が終わると復員してくる兵もあり、毎日毎日、村中が戦死した兵隊と帰った兵隊の話だけで明け暮れていた。四八年一〇月、区役所からハガキが来た。区役所に行くと、もう長い行列ができていて、前方の課長の机の上に黒枠の紙が積んであった。それは戦死の公報だったが、にもかかわらず「もし〔生きて〕帰って来たら真っ先にここに知らせてくれ」と言って手渡された。そこに記された戦死の日付は四五年四月一〇日であり、三年半たってようやく届いた公報であったにもかかわらず、確実なものではなかったのである。

一一月になって、地方世話部（もと陸軍の連隊区司令部で、復員業務をになっていた役所）から遺骨を取りに来い、と知らせがきた。帰って来た遺骨は風呂敷包みで、白い布はかけられていなかった。進駐軍から「遺骨らしくするな」と言われているとのことだった。それに「線香代」七〇〇円が添えてあった。すでに軍人恩給は停止されており、命の代価というにはあまりに安い額であった。葬式の途中で遺骨を開けてみることにした。小さな位牌とカンナ屑が二、三枚入っていた。「これでは葬式にならないから写真を入れたら」とだれかが言った。そばにいた父が突然大きな声で、「縁起でもない。帰ってくるかも知れないのに、入れるな」と叫んだ（前掲『かながわ戦没者遺族の手記　あなた精一杯やってきましたよ』）。

四四年四月に海軍軍属を志願し、わずか二ヵ月後の六月に一七歳で戦死した神奈川県の男性の父親は、息子の志願を聞いてあわてて志願を取り下げに行ったが、応対した大尉に憲兵に引き渡すと言われ泣く泣く承知した。しかし戦死してしまい、「戦地勤務はたった一ヵ月余り、これではみすみす殺すために出征させたようなものだ」と思いながら、横須賀の海軍へ遺骨を受け取りにいった時、ふと骨壺の中で「コトコト」とかすかな音がする気配を感じた。きっと遺骨が話しかけているのだなと思い、家に着いてから早速骨箱を開けてみた。中にはたった一枚、戦死した息子の写真が入っていた（前掲『かながわ戦没者遺族の手記　あなた精一杯やってきましたよ』）。

彼はその写真を仏壇に飾って毎日礼拝しているし、息子が戦死したサイパン島へ三回巡拝にも行ったが、「遺骨をこの目で見たわけでなし、いまだに『ひょっとしてどこかの島に生存しているのでは……』との思いが胸をかすめてしかたがない」と胸中を語る。

四四年一二月フィリピン・レイテ島で玉砕した神奈川県の陸軍伍長の兄も、父母のもとには白木の箱がかえり、その中に入っていたのは白い小さな石ひとつだったという。「母は九十余歳の天寿を得て、現在も、弟の帰還を待ちわびている。『必ず生きて戻る』との信念が、燃え尽きんとする母の生命を支えているのであろうか」という（前掲『かながわ戦没者遺族の手記　あなた精一杯やってきましたよ』）。

このように多くの遺族が遺骨に固執したのは、波平氏のいう霊の存在もさることながら、それがない限り肉親の死という事実が信じられなかったためである。そのうえ「もし兵士が帰って来たら知らせてくれ」といいながら戦死公報が渡された事実が示すように、最期

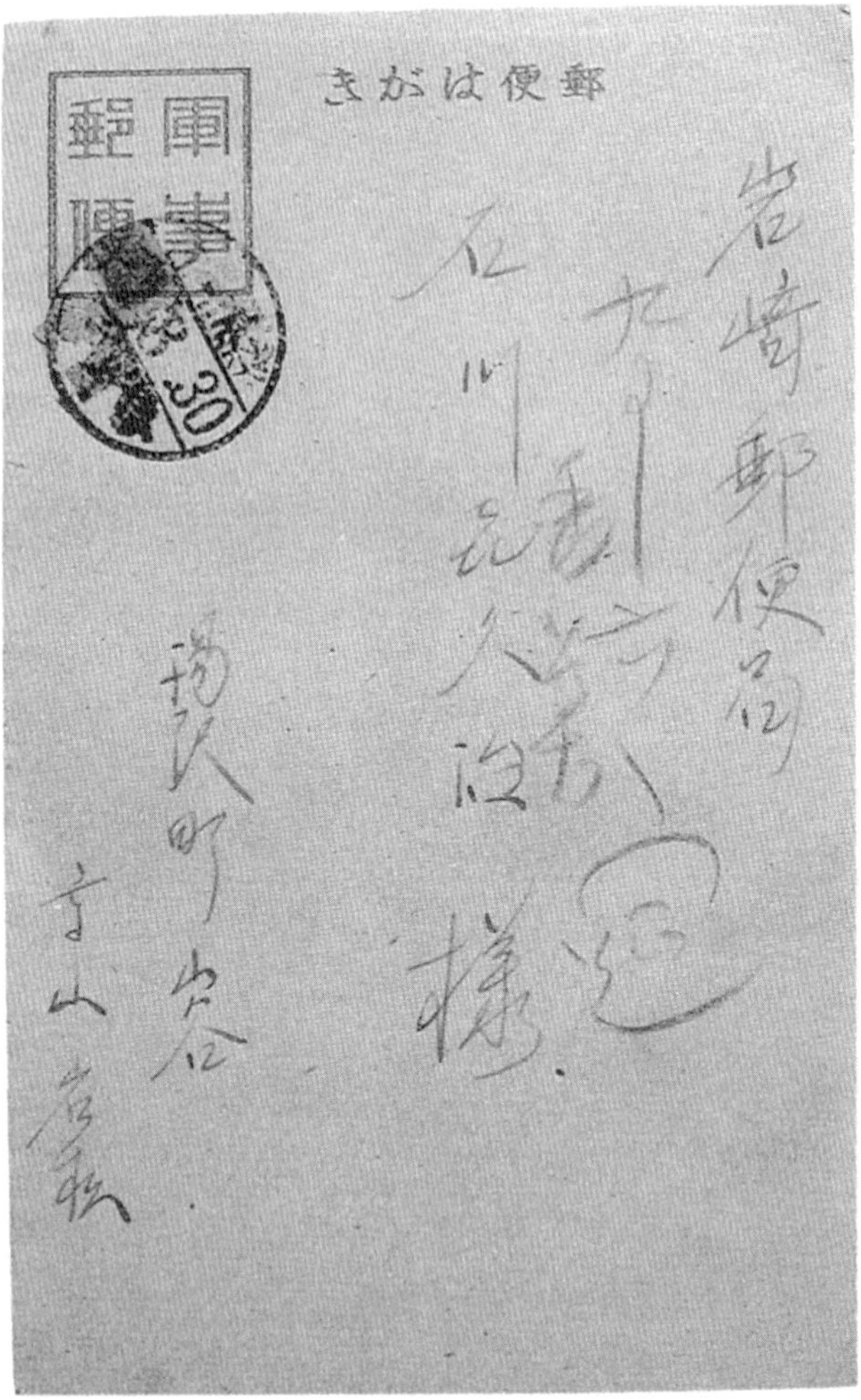
郵便はがき
軍事郵便

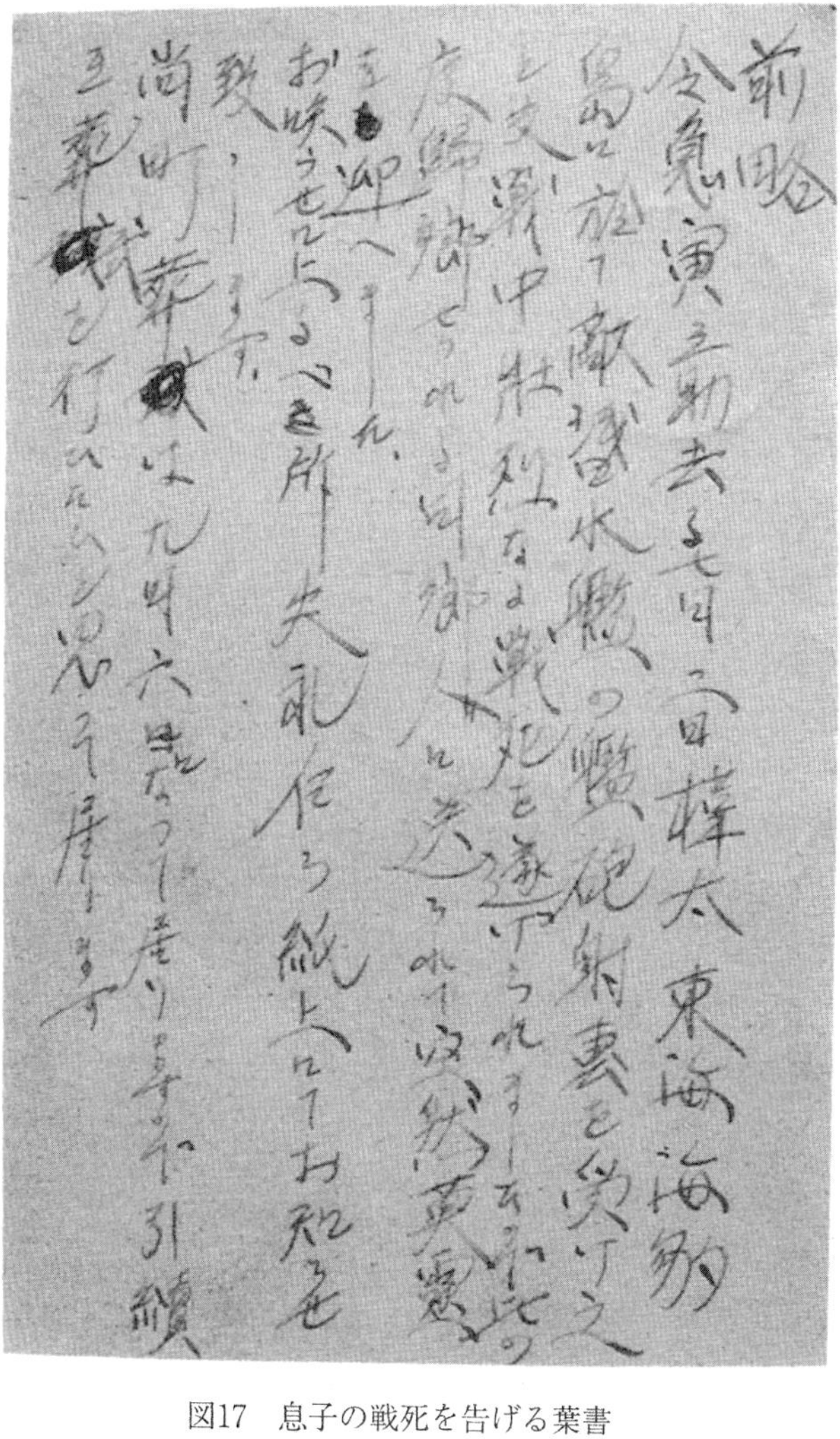

図17　息子の戦死を告げる葉書

1945年７月樺太で米潜水艦の砲撃により戦死した新潟県の兵士の遺骨が，戦友の手で「突然」故郷へ帰ってきた．差し出したのは役場の人か．敗戦時の混乱した状況がうかがえる．（筆者蔵）

の状況が前線から確実に報告される体制——藤井氏のいう「戦死をめぐる体系」——が崩壊してしまったことも、遺族たちの疑念に拍車をかけた。そうした心情が生まれるのは、無理からぬことである。

「空」の遺骨箱

各地の遺族会誌には、何ひとつ遺骨の代わりとなるものすら入っていない、したがって霊も宿りようのない、本当の意味での〝空《から》〟の箱しか与えられなかった遺族たちが複数登場する。

福井県出身、フィリピン・ルソン島マニラ防衛戦で戦死した海軍少尉は遺骨も遺品も帰らず、骨箱にも何も入っていなかったので、その箱を焼いた灰をもって葬式をしたという（福井県坂井郡三国町遺族会連合会編『祖国の華』〈一九九一年〉における遺児の回想）。

長崎県大村出身で、四四年にニューギニアで戦病死した陸軍伍長の弟は、兄の戦死公報を四六年の三月頃にうけた。数ヵ月後遺骨を諫早のある寺まで取りに行くと、「骨は入っていなくて空の箱」だったという（大村遺族会編『ふりむいて』一九九五年）。

四四年ビルマで戦死した福井県の陸軍伍長の妻も、四八年六月戦死の公報が入ったが「本当に戦死したのだろうかと疑心暗鬼の日々」を送り、遺骨伝達式で箱を渡され、家に帰ってあけてみると中には何も入っておらず、「本当に戦死したのだろうか」と信じられなかったという（前掲『祖国の華』）。ここでも、遺骨どころか何の代替物・遺品もないばかりに死の事実が信じられていない。

四四年四月、東部ニューギニアで戦死した陸軍兵長の妻は、四六年六月に戦死公報を受けたが遺品らしいものは何ひとつなく、せめてその土地の石ころでもと思ったという。「石ころ」だけでも帰って来た他の遺族のことを彼女はおそらく知っているのであり、不公平にも自分にはそれすらあたえられなかったことを「本当に情けない事です。思う度に涙が出てきてなりません。どんな思いで死んでいったのでしょう」と嘆く（〔埼玉県〕入間市遺族会編『記念誌　遺族と戦争回顧』一九八八年）。一九六四年、小原徳志氏が息子の遺骨が帰らず「きっと、どこかで生きているにちがいない」と考える母の姿を描いてから四半世紀近くたってなお、遺骨が帰らなかったことへの無念を多くの遺族たちが引きずっていたのである。

この兵長の妻は続いて「夫は靖国神社で会えることを願って死んでいったこととおもいます。それなのに、未だに国民の代表である大臣が公式参拝も許されないというのはどういうことでしょう。思う毎に涙が出てきてなりません。一日も早く、私共の願いが叶《かな》えられますようお願いします」と述べている。総理大臣の靖国公式参拝は戦後六〇年がたってなお政治上の争点であり続けているが、戦死者遺族がこれを強く求めてやまなかった理由のひとつに、首相の参拝が、かつて文字通り「空」の遺骨箱を渡されたという粗略な扱いを受けた肉親と自分の「名誉回復」という意味あいを持っていたことがある。

福岡県豊前市在住の海軍上等兵曹は、四三年七月に召集令状が来て佐世保の海軍部隊に入隊、戦死して白木の箱となり帰って来たのは四六年の夏であった。その夜、息子と母と二人で箱をおそるおそる開けてみると、中には故海軍上等兵曹渡辺博利と書かれた短冊が一枚入っていただけで、「その時の空しい気持ちは今でも強く残っております」という。「空しい」、すなわち彼らにとってその箱は単なる空の箱にすぎなかったのである（福岡県遺族連合会編『福岡県戦没者遺族の五十年』一九九五年）。

母は六五年病気で死去、息子は遺児による戦跡慰霊巡拝（厚生省実施）ができるようになった一九九〇年七月、紙の短冊一枚で帰った父をなんとしても迎えにいってやりたくて戦跡慰霊巡拝団に応募した。全国の関係遺児たちと慰霊団に参加、「父が埋葬された現地ラバウルのジャングルの中の、小さな慰霊碑にぬかずいた時の感動は筆舌では表せません。付近の石を拾って帰りました。その石と共に父の霊がやっと家に帰り着いたような、ホッとした気持ちです」という。国から紙切れ一枚しか与えられなかった彼は、父の死から実に四五年後、自ら現地を訪れることで、ようやく納得のいく「慰霊」を行い、肉親の霊を家へと連れ帰ることができたのであった。

わからない最期の状況

最期のありさまを聞いてまわる

国が遺骨を帰さず、最期の状況も聞かせない以上、遺族たちは自らの足で帰還してきた戦友たちに肉親の安否、あるいは最期の様子を聞いてまわるよりなかった。前節に出てきた福岡県豊前市の海軍上等兵曹の妻は、夫の戦死が信じられないようで、あるいは信じたくないようで、ソロモン諸島から復員した人があると聞いては、どこまでも尋ねて行ったり、ラジオで流していた尋ね人の番組には欠かさず耳を澄ませていた。やがてラバウルからもしだいに復員があり、一緒の海軍警備隊にいた小倉市の人から父が同地の海軍病院で戦病死したことを聞かされ、やっと納得したようだった（前掲『福岡県戦没者遺族の五十年』）。

遺族たちがなんとか肉親の最期の状況を知りたがったのは、いうまでもなく「実は生きているのではないか」と考えてしまうからであった。

四五年八月、ソ満国境で戦死した陸軍上等兵（戦死時二八歳）の兄の談話によると、五六年八月に至って戦死の公報が入り、その公報を手にして母はもちろん家族全員で冥福《めいふく》を祈った。しかし、彼にとって心残りなのは、戦死した当時の状況がほとんどわからないことであるという。なぜなら、最期の状況が分からない限り、「今でも中国のどこかに元気で暮らしているのではないかと思」ってしまうからであった（山形県東田川郡）藤島町戦没者追悼誌刊行会編『藤島町戦没者追悼誌』一九八一年）。

ただし、なんとか戦友を捜し当てても最後の様子が聞けるとは限らなかった。四五年一月、乗船が揚子江上で機雷にふれて戦死した陸軍上等兵の家族には、終戦後白木の箱が届いたが、中身は白い灰だった。彼の弟は多摩川の鉄橋の下に霊感信者がいて、供物をすれば遠方地の人と話ができるというので毎日のように「田端のおばさん」（親戚か）とでかけた。やがて隣村の親友が復員したことを知り、その人に当時の模様を説明するように勧めたが、なぜかその人は当時のことを語ろうともしなかった（東京都秋川市遺族会編『秋川市遺族会誌』一九八六年）。

四五年九月、フィリピン・ルソン島で戦死した陸軍伍長（戦死時二六歳）について、同じ部隊で戦死した男性の兄が追悼録に寄せた談話によると、終戦後戦死がわかってから、彼の母親が同部隊の生存者である鶴岡在住の人に話を聞きに行ったが、あまり詳しい話は聞けなかったそうである。彼は「想像するに、おそらく遺族にはあからさまに話されないような悲惨な状況のもとで戦死されたのではないかと思っています」という（前掲『藤島町戦没者追悼誌』）。みな追いつめられてむごい死に方をしていったのである。

結局最期の様子をまったく聞かされることなく終わった遺族たちもいた。四五年六月、フィリピン・ルソン島で戦死した陸軍伍長の弟は、兄の復員を待ち続けていたが、四七年一〇月戦死公報を届けられた。「宣撫《せんぶ》（宣伝）班にいたと聞く兄が、言葉も通じぬ異国の敵地にあって、既に戦況の不利を身近に感じながらも、任務に専念したであろう兄の死‼食料はどうしていたろう？　水は？　兵器は？　今にして思うその毎日、苦難の連続の中で故国を思い、家に残した妻子そして年老いた両親の事等、公私混然とした無念のままの死、敵弾によるものか？　自決か？　飢餓か？　何れにしてもその死は悲惨なものであったろう事は、今静かに想いめぐらした時あらためて甦《よみがえ》ってくる」（〔埼玉県〕入間市遺族会編『記念誌　遺族と戦争回顧』一九八八年）。

彼は誰からも兄の最期の状況を知らされることがなかったため、死後約四〇年が経過してもなお、その状況を想像してはひとり苦悶しているのである。

兵の最期を遺族に報告する上官

国が遺族たちに夫・肉親の最期の状況を知らせようとしないなか、個人でそれを遺族たちに知らせた上官の例がある。大山富士夫『南海に散華した勇士のご遺族のたより』（戦誌刊行会、一九八五年）という本がある。著者は船舶工兵第九連隊の小隊長（陸軍中尉）で、ソロモン諸島ブーゲンビル島に四三年一月上陸、以後ニューブリテン島や東部ニューギニアを転戦、多くの部下を失った。四六年一月末復員すると、指揮下にあった兵士の遺族たちに、死者の戦（病）死場所、年月日、病名、階級を記した書簡と部隊の行動記録入り地図とを送付した。

大山はその後、連日のように遺族の来訪を受けたが、返事を送るのが精一杯で来ることのできない遺族たちも大勢いた。しかも彼・彼女らは戦場といえば日中戦争の知識しかなく、書簡だけでは南方の戦場の実相を十分説明することができなかった。結局当時の交通事情と、マラリアに冒された自身の体調から東北から九州まで散在する各遺族を訪問することができず、もらった手紙も綴りこんで格納したまま、健康の回復とともに旧職場に復帰して定年まで働き続けた。

定年後彼は、遺族たちから受け取った問い合わせの手紙と部隊の詳細な行動記録（絵入り）をまとめ、敗戦から四〇年後に至って公刊したのであった。その目的は、第一には「再び日本は自ら求めて絶対戦争をしてはならないことを再確認」するためであったが、わざわざ部隊の行動記録を掲載したのは、遺族たちに夫・肉親の最期を十分説明できなかったことへの贖罪《しょくざい》の意味もあったのではないだろうか。本書に序文を寄せた上官の中隊長も、「いざ帰還するや敗戦の現実はきびしく、自分自身と家族を持ちこたえるのに精一杯で、思いつつもご遺族を顧みる余裕とてなかった」と述べている。以下、敗戦直後の遺族たちの手紙から、彼・彼女らが夫・肉親の死についていかなる思いを持っていたのかについて述べよう。

四四年七月、ニューギニアで戦病死した陸軍兵長の兄嫁（秋田県）の手紙は、「敗戦の今日深く考うれば犬死のようにも思われ候も、良心に恥じなき働きをして戦死されたる軍人軍属方、また傷病兵の方々には最も尊く有難く感ぜられ候。これに引き替え、国を売りたる軍閥、財閥または戦争を利用して栄達を極めし者共は八つ裂きにしてもなお足らぬ憤《ふん》怒《ぬ》を覚ゆるものに候」（四六年三月）と、肉親の死の意味づけに固執し、一方で国を誤った政府指導者に憤《いきどお》る心情を示している。

政府への憤りは、遺骨も公報もよこさないことにも当然向けられる。四四年一一月戦病死した陸軍伍長の兄（高知県）は大山への礼状中、四四年に死亡しているのにいまだ公報はなく英霊〔の遺骨〕も帰らない、「左様なものは皆様と御一緒に復員しなかったので御座いましょうか。上官である隊長、小隊長、または幹部の方は今回御一緒に復員されましたでしょうか。彼の死亡後、それぞれ手続き措置はして下さいましたでしょうか。御承知ありませんか」と問うている。文中彼がこのように問いかけをしているのは、大山が公的な状況報告と間違えられることをおそれ、自己の階級を明かさなかったためである。

彼は弟の死について、「一体彼は戦病死するまで立派に働いていたのでしょうか。病魔に患った時彼は随分苦しんでいた事ではないでしょうか、人一倍気の弱い彼の事ですからただその様子を想像し可哀想で、只一発で死んでくれた方がどれだけ彼のために良かったのにと、返らぬ想像に悩まされておる次第」であると嘆く。死因を知らされても、それが病死と知ってしまえばどのような死に方をしたのかより詳しい状況を知りたいということになり、遺族の心の傷はより深くなってしまっている。兄は「南海の第一線で制空制海共に敵の掌中にあった皆様方の生活の中で死したる者の面倒は第二の問題である事は小生もよく承知はしていります」とは言うものの、「余りにも当局の怠慢さに今更乍《なが》ら情けなくなります」（三月二六日）とここでも政府を批判してやまない。

大山の口からより詳しい死の状況を聞きたがったのは、他の遺族も同様であった。

なぜ最期の様子を知りたがったか

四四年一二月、ニューギニアで戦病死した陸軍兵長（埼玉県）の妻は、「大変ご迷惑なお願いで恐れ入りますが、主人作太郎の最後の様子を御聞かせ願いたいと伏してお頼み申し上げます。尚失礼なことを伺いますが、貴方様が確かに夫の最後の御立会であったか否か、その処も一筆詳しく御伺い出来ますれば、こよなき幸いかと存じます」（四月一一日）と要請している。だが大山が彼女のもとを訪れることはなく、そのため彼女は八月二〇日に再度手紙を書き、

盆と申せば主人の公報はどんなようになったものか、未だ音沙汰無しで何時までも片がつかないと主人も云いますの。諦めろと云うものの、そこが人間の悲しい煩悩とでも申しましょうか、悪戯《いたずら》盛りの子供を連れて〔夫の生家に〕居食するひがみもあって、あちこちで丈夫で復員なさる方々の姿を見る度に、何故か割り切れない感情に悩まされて……。私はこうして馴れぬ百姓仕事に身も心も疲れて夜、しみじみその日一日を反省する時、こうして静かに暮らしていれば、ひょっこり夫が戻って来る様な錯覚が

起こる〔ん〕ですの。

だから、大山に一度来てもらいたい、と頼んでいる。夫が死んだことをこの眼で確認したい、行き場のない悲しみを誰かに聞いてもらいたいという一心で彼女はこの手紙をつづっている。

四四年五月戦死した上等兵の妻（鹿児島県）も、大山に「現在私の家では頼るのは夫ただ一人だけでしたが、これからは現実の社会に生きて行くより他に道はありません……周囲も戦時中とちがい、すっかり様子が変わって冷たく人心も地に落ちております」（六月二三日）と書き送っている。戦中とは異なり、誰もそうした遺族の声にこたえようとはしないのである。

大山の状況報告に感謝している遺族もいる。四四年四月、敵魚雷艇と交戦して戦死した陸軍兵長の妻（福岡県）は、「戦争に勝っておれば夫万吉外犠牲になられた方も喜んでくれるでしょうに……色々新聞やラジオにて外地部隊のニュース、食料不足にて餓死、または病気にての死を聞いておりましたが、敵魚雷艇との交戦、戦死と聞いてせめて不幸中の幸と喜んでおります」（三月一五日）という。この点、前出の弟を戦病死させた兄の手紙とは対照的である。

最期の状況を知ることに遺族たちが固執したのには、もっと現実的な理由もあった。四四年八月に戦病死した陸軍兵長の兄（島根県）は三月一三日、せめて雄々しい戦死をと願っていたがこのうえは本人の冥福を祈るほかはない、四四年八月の戦病死からすでに三年が経過しているので、公報を待って葬儀を行うのが順序であるけれども、公報がいつ来るのか判然としないので霊の供養も三年間できないままでいる、公報さえくれば当方としてもさっそく葬儀を営みたいのでその筋へ運動してみてほしい、と依頼するとともに、臨終の際の遺言その他本人の発言はどうなっているのか、俸給は四四年一月「南海派遣〔時？〕」より最後の送金を受けたままになっている、その後戦病死までの俸給について知らせてほしい、という。働き手を失って困窮を強いられ、兵士のわずかな貯金までも当てにせねばならないところまで追い込まれているのである。四四年八月戦病死した陸軍兵長の母（徳島県）が「戦地からの最後の便りに郵便通帳番号を知らせてきていますが、何《ど》うなりますか」（三月一七日）と尋ねているのも同じ事情であろう。

軍人恩給は四六年二月、軍事扶助法は同年九月、ＧＨＱの指令により廃止されてしまっており、敗戦は遺族たちの生活に深刻な影響をおよぼしたのであった。にもかかわらず、国は死んだ兵士のわずかな財産までもどこかへなくし去ってしまったのである。

四四年一二月、戦病死した陸軍兵長の父（佐賀県）は、「実は若松〔息子の名〕は跡取り息子〔で〕これには妻子があるのです、妻は事情のために家を出ておりますが、可哀想に思うのは子供のことです。親なき子供の行末を思えば悲しみで断腸の思いが致します……妻子のある事です故、何か遺言でもあったのかを知られた方からご確認され、御手数ながら具体的かつ詳細に御通知下さる様、切にお願い申します」（五月九日）と嘆願する。多くの兵士が複雑な家庭の事情をもちながら出征し、今際《いまわ》の際《きわ》その処置について近くの誰かに遺言を残したかもしれない。しかし国がそれを遺族に届けることは、永遠になかったのである。

粗略な扱い　大山のように個人としての責任感から遺族に最期の死に様を伝えた者があったにもかかわらず、戦後の遺族に対する国の態度は、あまりに粗略なものであった。

大阪市在住のある未亡人は、夫の帰還を待っていた四五年?の一一月、区役所の援護係から呼び出しがあり、何か特別援護でもしてもらえるのかと思って行ってみると、「係の人が『何で呼んだのかな』と思案顔。少し〔繰〕して、『戦死なさった人ありますか』。戦死と聞いてヒヤリ。ペラペラと戦死名簿のくる音。手に渡されたワラ半紙……呼び出しまでして

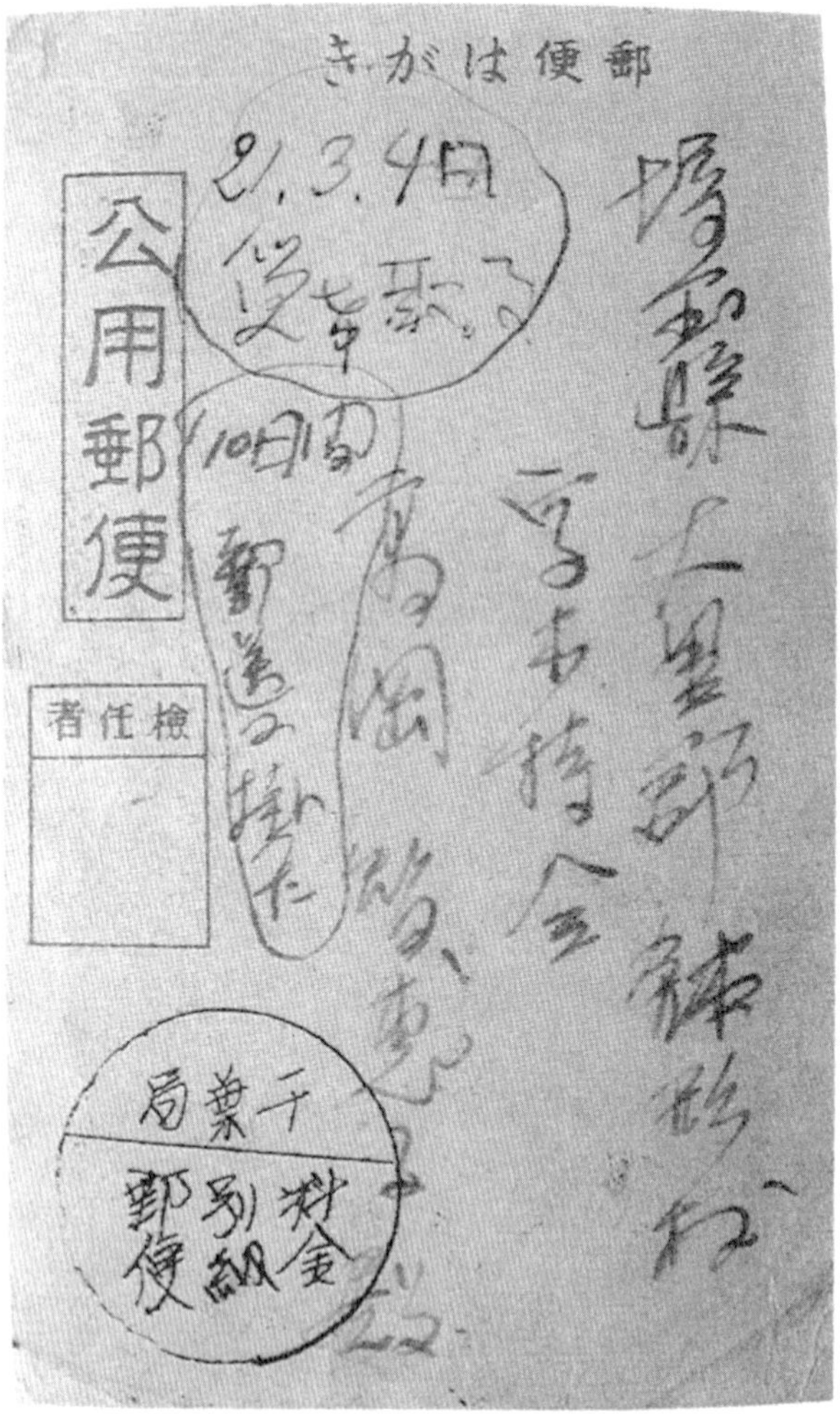
郵便はがき
埼玉県大里郡鉢形村
21.3.4
公用郵便
検任者
千葉局
料金別納郵便

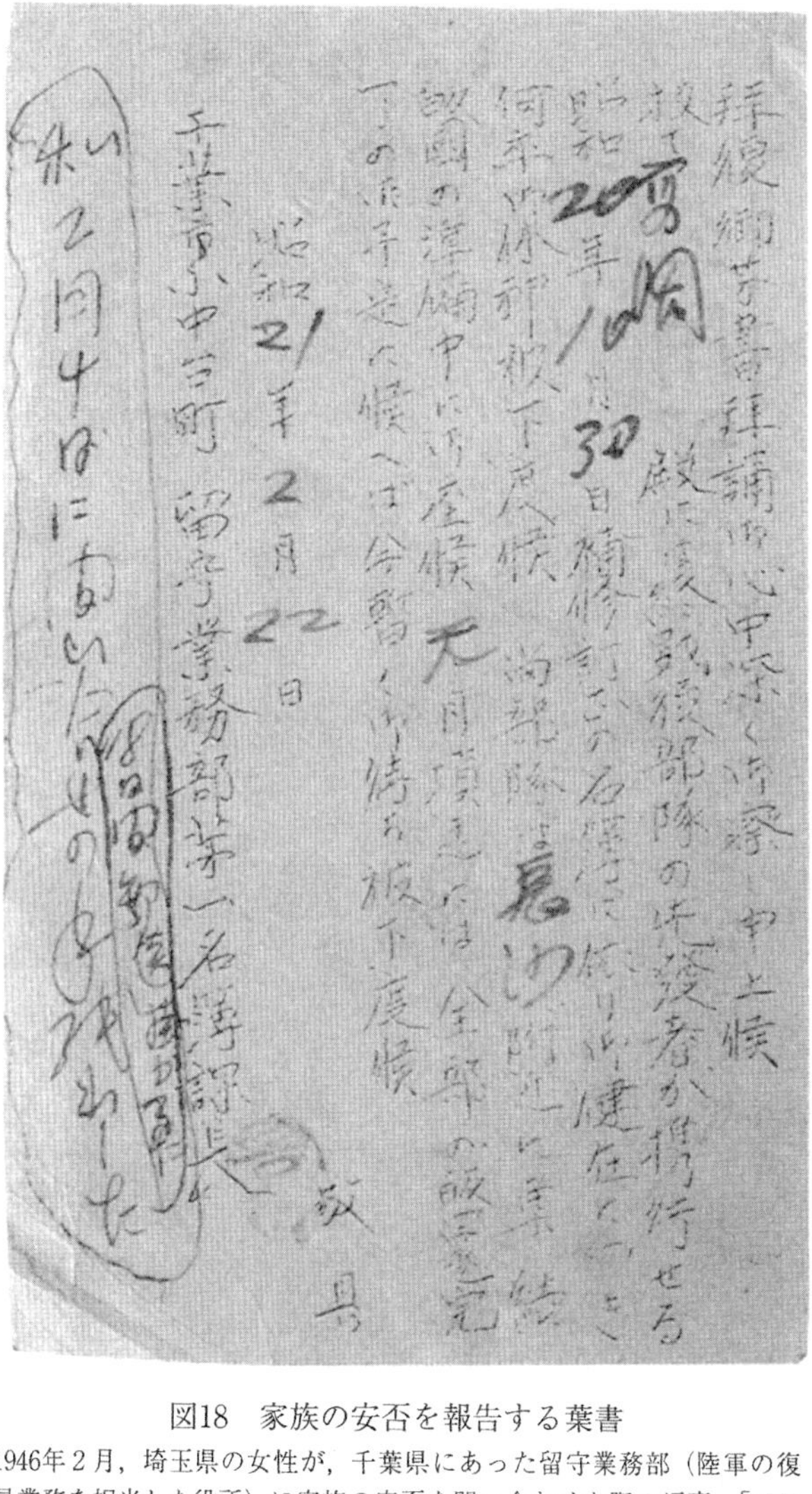

図18　家族の安否を報告する葉書

1946年２月，埼玉県の女性が，千葉県にあった留守業務部（陸軍の復員業務を担当した役所）に家族の安否を問い合わせた際の返事．「18日間郵送〔に〕掛かる」との書き込みから，当時の世相と女性の焦燥がみえる．文中には「健在」で帰国準備中とあるが，顔を見るまでは安心できなかっただろう．（筆者蔵）

あまり残酷だと係の人を憎みました」と語っている（大阪市遺族会編『戦没者の妻の手記』一九六〇年）。戦時中の〝常識〟に照らせば、戦死の公報は役所から持ってくるのが筋であり、「係の人」の態度はおよそ適切な態度ではなかったのである。

愛知県のある戦死者の妻は、夫の身を案じて復員省へいった。五度目であった。係員は、「ああ、この部隊は健全な部隊だから、もうすぐ帰って来られますよ」とこともなげにいった。隣の席では、「行方不明な隊だから、何とも解らないね」と言われて泣き伏す若妻がいた。やがて一通の葉書が届いた。それは戦友から届けられた夫の戦死の知らせであった。八月の暑い中、汽車で二時間、歩いて二時間、ようやく探し当てた戦友の家にたどり着くと、夫の遺品の時計、彼女と子供のぼろぼろになった写真を出してくれた（愛知県遺族連合会青壮年部編『みちのり遙か　太平洋戦争戦没者二世がつづる昭和』一九九三年）。役人は同じ部隊の者がすでに帰還しているにもかかわらず夫の安否を調べる気などなく、それを教えてくれたのは戦友の私的な友情だったのである。

四四年、ブーゲンビル島で戦死した陸軍曹長（戦死時三八歳）の妻も、夫が終戦になっても復員してこないので、援護局に尋ねにいったが「あまり調べるでもなく、いとも簡単に元気だとのこと」であった。少しばかり安心して帰ったところ、戦友が夫の遺骨を持ち帰っていると聞かされて仰天した。すぐその足で四キロばかり離れた家を訪ねると、初体面の人だったが親切にしてくれ、確かに夫の遺骨と分かった。改めて翌朝舅《しゅうと》と訪ね、温かなご友情を深く感謝して状況などを聞き、はじめて夫が四四年に戦死していたことがわかった。四六年に入って戦死公報があり、空しい思いで葬儀をすませた（埼玉県）入間市遺族会編『記念誌　遺族と戦争回顧』一九八八年）。彼女もまた、誠意のない国の公報より先に、戦友の友情で夫の死を知らされたのである。

四五年二月応召した兵士の妻も、敗戦から三年も過ぎたのに音沙汰がないのである日県庁へもう一度確かめに行くと、県庁の者に冷たく「三年経っても帰らないのなら、ふかの餌食《えじき》になったのだろう」と言われ涙が出た。「何か死んだ証明が欲しい」と言いますと、姓名を書いた紙切一枚入れた箱を渡された。市葬もしてもらえず、自分たちでお坊さんを迎え、成仏してもらうよう弔《とむら》った。「国から出て行く時は強制的で、負け戦さになると本当にみじめでつらい思いをしました」という（広島県三原市戦没者遺族会婦人部編『征きて還らず』一九八七年）。まことに、かつて国の名のもとに前線へと連れて行ったにもかかわらず、ひとたび戦に負けて「次代の兵士」を動員していく必要がなくなると、このような粗略な扱いとなったのである。

三重県の兵士の妻も、四六年七月、夫の安否を知りたくて津の世話部を訪ねると、係の人が「来ているから持って行きな」といって白布の小箱を彼女の前に置いた。びっくりして箱代二〇円（！）を放り出し、駅まで戻ってきた。義父と子供たちが迎えに来たので長男の首に遺骨を吊して「お父さんお帰り、僕頑張るよ」と言ってあげて、とうながした。村はずれまで来ると女の人が四、五人立ち話をしていたが、見たとたん「メダカがパっと散る様に散って行かれ」た。「終戦後に帰った遺骨でも国の為に死んだ主人、手を合わせて迎えてほしかった。悲しくて残念無念でたまりませんでした」という（三重県多気郡多気町遺族会編『帰らざる兵士たち　多気町戦没者の記録』一九八九年）。

四五年七月、フィリピンで戦死した兵士の妻は、「御主人は煙草が好きだったでしょう。煙草もお酒も届けてあげます」ということで、心はもう夫のことで一杯だったので、だまされるとも知らず、苦面《ママ》して煙草にお金を添え、お弁当を作り、おまけに汽車の切符まで買って渡したのに皆うそであった。くやしかった。出征する時は、「後のことは心配いりません」と日本中の人がそういって見送ったくせに、人の弱みにつけ込んで、泣くにも泣けないサギ事件にあった（前掲『征きて還らず』）。国ばかりでなく、かつて夫を激励して送り出した社会の人々までもが、手のひらを返したような扱いをしたのである。

結局何もわからない

満蒙開拓義勇軍として渡満、四五年八月のソ連軍侵攻で戦病死したと推定された山形県藤島町の一九二四年生まれの男性の死亡確定は遺族からの戦時死亡宣告の申請によってなされたが、死亡年は一九五二年であり、しかも死亡場所の記載がなされていない。それは、菩提寺である寺の住職の談話によると、県の方から死亡通知が届いた時、死亡時期も場所も記載されていなかったので、親たちと相談の結果、通知書の日付を死亡年月日として過去帳に記載することにしたためである（山形県東田川郡）藤島町戦没者追悼誌刊行会編『藤島町戦没者追悼誌』一九八一年）。国は、死者の死んだ場所、命日すらも、ついに遺族に伝えることができなかったのである。

結局、国は戦死者の死の状況を最後まで遺族たちに伝えることができないまま、ある段階で調査を打ち切るという最終の処理を行った。一九五九年三月、「未帰還者に関する特別措置法」を制定して、国がみずから戦死者に死亡宣告を裁判所に請求できるようにしたのである。同法に基づき、四五年八月、ソ満国境で戦死したと推定される同じ藤島町の陸軍伍長の遺族に一九六〇年県の民生部社会課長の名前で渡された「調査経緯書」は、要約すると次のような内容であった。

①戦死者の本籍、所属部隊、官等級、氏名、生年月日

②生死不明となった当時の状況　四一年二月現役入営、第一国境守備第四地区砲兵隊に配属、八月九日日ソ開戦となり、大喊廠へ移動して陣地を占領するため転進中ソ連軍戦車部隊の攻撃を受け、よく健闘を続けていたが一一日同地付近の山中で生死不明の消息を最後に消息を絶った

③調査実施の経緯　厚生省と山形県で本人と同部隊であった帰還者数名を招致、調査を行い、五八年一二月初頭には本人を含む山形県関係の未帰還者一〇〇七名の名簿を県内在住の帰還者二万一〇〇〇名に送付して調査したが、右以外の消息は得られなかった

④結言　調査の結果は以上で、今後の調査においてもなおこれを明らかにすることはできないと認められるので、未帰還者に関する特別措置法第二条の規定に基づく戦時死亡宣告家事審判を申し立てるに至った（前掲『藤島町戦没者追悼誌』）

同法に基づく死亡宣告を受けた兵士の遺族には、内閣総理大臣名の弔辞文が届いた。父がシベリア抑留で生死不明となった息子は、その全文をコメントなしで遺族会誌に載せている。そこには「終戦以来十余年にわたり調査究明に手段を尽くして参りましたが、今日これを明らかにすることができないことはまことに遺憾に堪《た》えません」云々とある（『長

野県〕中野市遺族会『平和へのいしずえ』一九九五年)。

国にしてみれば、可能な限り手をつくして死者のゆくえを追った、だからもういいだろう、ということになるのであろう。同法によって一九六〇～六四年の間に一万六六九六八件の死亡宣告の審判が確定し、七二年の未帰還者は三五四三人となった(厚生省編『援護五十年史』一九九七年)。だが、われわれの住む国がかつて、結局兵士がいつどこで死んだのかさえ遺族に教えられなかった、あるいはときに怠ったような戦争をしたうえ、それを「遺憾」という言葉で終わらせてしまった、という事実は消えない。

一枚の公報

図19は、フィリピン・ルソン島サラクサクで戦死した陸軍伍長Eの戦死公報である。戦死したのが四五年の五月であるのに、公報が出されたのは実に三年後の四八年六月である。戦死の時間も原因もともに「不明」である。「故人御生前の勲功に対し深甚なる弔意を表し」云々との紋切り型としかいいようのない県民生部長名の悔やみ文が添付されているが、なんの慰めにもならなかったのではないか。このような紙一枚を「本日突然」渡されても、宛名の女性はどんな死に方をしたのか、あるいは本当に死んでしまったのかもわからなかったのではないか。

遺族を訪ねて当時の詳しい話を聞いてみてはと思う方もあるだろう。しかし私は、それ

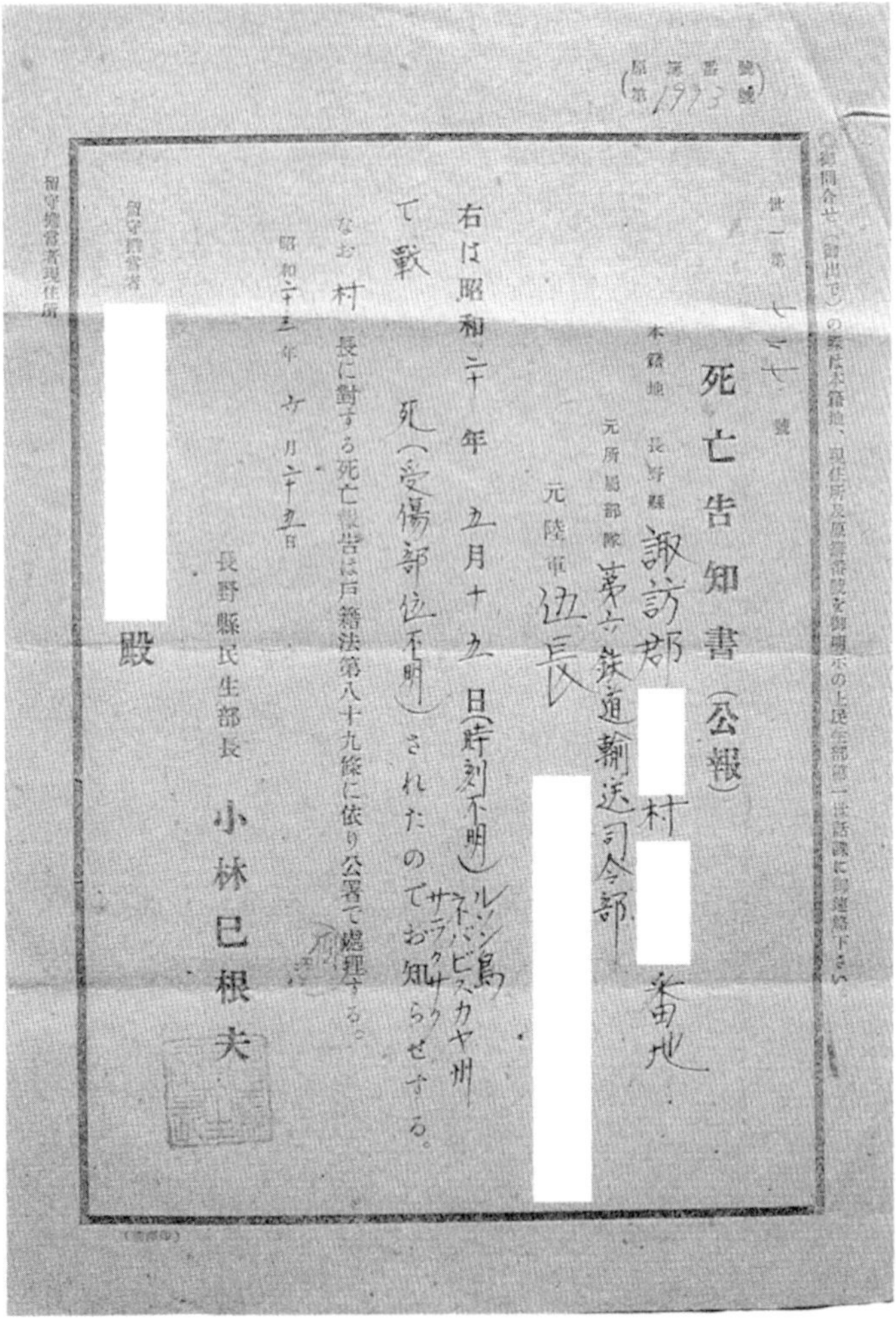
原簿番號 第1993

（御問合せ（御出で）の際は本籍地、現住所及原簿番號を御明示の上民生部第一…係に御連絡下さい）

世一第七七七號

死亡告知書（公報）

本籍地　長野縣諏訪郡　村　番地

元所屬部隊　第六鉄道輸送司令部

元陸軍伍長

右は昭和二十年五月十九日（時刻不明）ルソン島ネバビスカヤ州サラクサクにて戦死（受傷部位不明）されたのでお知らせする。

なお村長に對する死亡報告は戸籍法第八十九條に依り公署で處理する。

昭和二十三年六月二十五日

長野縣民生部長　小林巳根夫

留守擔當者　殿

留守擔當者現住所

図19　戦死公報（筆者蔵）

は難しいと考えている。なぜなら、この公報は二〇〇五年インターネットのオークションでたまたま売られていたものを購入したものであるからだ。ある人がどんなに思いを込めた品であっても、その人がこの世からいなくなってしまえば由来も何も分からなくなってどこかへ散逸してしまう、という現実がある。

ところで、E伍長戦死の翌日、同じルソンの戦場で死んだ夫の死に様を三〇年以上たってなお追い続けた妻の話がある。

サラクサクで戦った戦車第二師団とその配属部隊（E伍長が所属していた「第六鉄道輸送司令部」はそのひとつ）の生還者と遺族は戦後「サラクサク会」を作って慰霊活動を行い、七八年現地に慰霊碑を建立、翌七九年記念誌『サラクサク峠』を刊行した。

同書には、このサラクサク近くのバレテ峠で戦っていた別の師団（第一〇師団歩兵第六三連隊）所属の陸軍兵長の妻（鳥取県在住）と、同会の世話人（もと戦車師団工兵隊長・少佐）たちが交わした一連の手紙が「戦死公報と遺族の疑念」と題して収録されている。

妻のところへ四七年九月届けられた公報には、戦死の日付・場所（四五年五月一六日、バレテ峠）と死因（胸部貫通銃創）のみが記されており、それ以上のことは何もわからなかった。彼女は夫の「個人的な行動は解らなくても概要だけでも知りたい、やはり悲惨だから知りたくない逃避したいと矛盾した心を戦わして居りましたがやはり知りたいと思い」、鳥取の戦友会員一〇〇名近くに写真と公報の写しを送ったが何もわからなかった。厚生省の返事も「ルソンより戦死の名簿が届いただけでわからぬ」とのつれないものだった。そのとき現地ルソンで戦っていたもと一四方面軍参謀の手記を読み、彼に何か手がかりはないかと問い合わせの手紙を出したのである。

その手紙を転送された会の世話人は、まず自己の体験に基づき、サラクサク、バレテの戦いでは米軍の猛烈な火力による攻撃のためどの部隊も壊滅してしまい、戦死当時の状況を知っているのはもはや本人と神のみであることを妻に伝えた。そのうえで公刊戦史の記述などから類推して、公報には「バレテ峠地区北部妙高山の斬込戦闘において壮烈なる戦死を遂げた」との一文を補足し、その日付を夫の命日と思い定めて神仏の祭事につとめることが供養である、と勧めている。

結局真相はわからなかった。しかしこの回答に接した妻は、「最期の模様を調べて頂いたことに対する感激の涙と主人の最期の模様の姿と一緒になって三四年間の涙が一緒になって流れてくるのをどうすることも出来ませんでした」といい、「ルソン上陸後五月一六日迄も戦えたのは、せめてもの慰め」との謝意を示している。

この世話人は、自分はこれまで何百人もの遺族と同様のやりとりをしてきたといい、「我が夫、我が子、我が父、兄や弟が何処《ママ》で、どんな処で、どんな状態で戦死したのかという真実を求める肉親の情愛は、想像を遥かに絶して私たち生還者に強く訴えていた」と述べている。遺族たちのこの思いを、「私たち生還者は、ご遺族のこの気持ちに十分に応えなければならない」という個人の責任感にゆだねてきた日本政府の「戦後処理」とはいったいなんだったのか。

天皇の権威の低下？

大阪市のある未亡人は、自己にとっての日本占領期とその一九五二年における終結を、「遺骨亡き遺骨箱を白衣に包んで、胸にだくわが子の姿。木枯らしの中を寒々とあゆむ」時代が終わり、「今まで国の捨て石としか顧みられなかった戦没者の霊が、晴れて靖国の英霊として公式慰霊祭が阿倍野小学校で行われ……靖国の亡夫もどんなに喜んでいるか」という時代に移った、という文脈で描いている（大阪市遺族会編『未亡人の手記』一九六〇年）。

このことは、遺骨に対する社会の扱いが遺族にとっていかなる意味を持っていたかを象徴している。すなわちそれは、夫の死の意義がどれだけ社会的に認知・承認されているかのバロメーターであった。

遺族たちにとっての占領期とは、かつて国家社会から与えられていた諸恩恵が、不当にも奪われていた時代であった（さきに敗戦後遺骨が還らず村葬がなくなったことを「不運だった」と受けとめた遺族の例を示した）。彼・彼女らにとっての独立とは、それがふたたび常態に復したにすぎない。彼女が自らの文章を「遺族としての誇りをもって」と題し、別のある未亡人が区の慰霊祭の復活をもって「国民の皆さん方、区内の皆さん方が、挙げてあなた〔亡夫〕の功績を充分認識していただいた」と感涙したのは、さきに靖国参拝の遺児の箇所でも述べたことだが、本来夫や肉親を無意味な戦争で奪われたはずの遺族たちが戦前と戦後を通じ一貫した国家社会の「慈愛のまなざしによる支配」によって馴致《じゅんち》され続けていたことを如実に示している。

ただし、そのように国家社会の〝支配〟を無批判にうけいれて感情をしずめた遺族たちばかりだったのではない。

四五年四月、ビルマで戦死した神奈川県の一兵士の妹によると、兄は日中戦争初期の漢口攻略戦で負傷、「左足をひきずって」兵役免除となった（と記されている）にもかかわらず、四四年六月に再び召集された。戦争が終わったので、兄は必ず帰ってくると家族は希望をもち、ことに母は長男である彼の帰宅を待ちあぐねていた。月日が過ぎてビルマ方面からも復員の兵たちが続いたが、その中に兄はいなかった。戦死したらしいという風の便りに、次兄と義姉は東奔西走、知る限りの消息を訪ね歩いたが、結果は戦死を是認せざるを得なかった。そして四六年一月に戦死の公報が届いたが、白木の箱には一片の紙片が入っていたのみであった（神奈川県民生部援護課編『かながわ戦没者遺族の手記　あなた精一杯やってきましたよ』一九八二年）。

遺髪も遺骨もない紙片を見た母は、それ以後、「息子は必ず帰る」と信じ、念じてひたすら待ち続けた。陰膳《かげぜん》をすえ、夜になると床の中にもぐって泣いていたという。妹はそんな母を見て、「天皇の赤子《せきし》」という美名のもとに戦死した兄を思い、「恨めしい」と言ったら「もったいない」とたしなめられた。その母が、戦後も遠のいたある日、ふと「悔しい、天皇様が……」という言葉をもらし、彼女を驚かせた。

戦後発行された市町村レベルの遺族会誌において、肉親、夫の死の意味は主に戦後日本の「平和の礎《いしずえ》」となった、という論理に求められ、そこで天皇に関する言及がなされることは、皆無ではないにしても少ない（一ノ瀬二〇〇二）。この母親がふともらしたように、体の不自由な息子をむりやり連れて行ったのに遺骨も返せないし最期の状況も公式に伝えない、したがって本当に死んだのかさえ確認できないような戦争をやった天皇の権威は、必然的に低下していった。一九五二年、東京遺族厚生会（現・東京都遺族連合会）が作ったパンフレット『遺族のしおり』は天皇について、「陛下は御自分の不徳のために、かくも沢山の遺族をつくったことは、御先祖様にも申し訳ない、と深く責任を御感じになっておられるのであります」とさりげなく書いている。元来は四七年七月に各都道府県遺族代表が拝謁した際の記事だが、もとより明確な謝罪のことばはなかった。「不徳」「責任」のことばをみると、天皇の権威はもとより、〝先の戦争〟の意義さえも、ほんとうに遺族たちにとって自明のことであっただろうか、と思う。

遺族と社会、遺族と国家――エピローグ

本書では、日中戦争～太平洋戦争期の国家社会が戦死者遺族とその生活に対してどのような取り組みを行ってきたのか、その過程で彼・彼女らは夫や肉親の死をいかに受容していったのかを分析してきた。われわれが「一つの花」でみたような、ある遺族一家の一〇年間にはさまざまな辛苦があり、その生活は国家社会との多様な関わりなしには成り立ちえなかったことが浮かびあがった。

遺族たちは出征する肉親を見送り、時に面会に行った。そこで浮かびあがったのは、軍の機密保持に対する意外なほどのルーズさであった。面会したり休暇をもらった兵士の口から、部隊・艦隊の行き先が洩《も》れるケースが管見の範囲内だけでも少なからず存在した。

私は、機密が漏れたことそれ自体を問題にしたいのではない。問題は、軍総体としてどこまで熱心であったか疑わしい「機密の保持」に一部の部隊がへたに固執し、あるいは円滑な面会に配慮を欠いたために、少なくない数の兵士と家族が最期に一目会う機会すら奪われてしまったことである。ほんの六〇年前ほどまで、一人の市井の人間が家族と親しく話す機会を持たされないまま死へと赴かされるという、じつに粗略《そりやく》な扱いが政府の手によってなされていたという事実が、われわれの生きているこの日本には存在したのである。

しかしそうした粗略な扱いを忘れさせるかのように、戦中の遺族たちには少なくない額の「命の代価」が扶助料などのかたちで与えられた。だが、それだけでは生計を立てていくのに不足であることが多く、彼らは働いて生きていかねばならなかった。しかもそれは「働かないで暮らしていける」という周囲の嫉妬の視線にさらされながらのことであり、かつ遺族間で取り分をめぐる争いが多発した。政府は彼らの困窮・不満が前線兵士に伝わってその士気を低下させることを懸念し、さまざまな支援策を講じた。遺族の身近な相談相手となった女性たちも多数いたが、それは結果的に「貞操管理」という名のもとに行われる、未亡人たちの生活の細部にまで立ち入った監視にほかならなかった。たしかに彼女たちは遺族のため献身的に働いたが、結局のところそれは、前線兵士の士気維持という国家の要請に奉仕することに他ならなかったのである。

遺族に対する監視は、例えば天皇の侍従や女性皇族・王公族たち貴人の全国巡回によって、ひとつの大規模なセレモニーとして行われた。どんな貧しい遺族でも、決して国も社会も見捨てない、という確固たる意志をみせることがその目的であった。彼ら・彼女らの「慈愛のまなざし」を受けた遺族たちは、その「感激」を発話したり、作文化することで国家の発するメッセージをより明確に受容していったのである。

戦死者の遺児たちも、靖国参拝というセレモニーをつうじて政府や社会の「慈愛」を与えられる存在であった。もとよりそれは前線兵士の視線を意識してのことであり、恵まれない遺児を見捨てない、というメッセージは実際に前線へ届いていたのであった。日本の戦時動員体制がまがりなりにも破綻しなかった背景には、こうした国家社会を挙げての、遺族に対する「慈愛のまなざしによる支配」が機能し続け、彼・彼女らの悲嘆や不満を抑え続けたことがあった。

こうした支配の体制は、敗戦の結果、もろくも崩壊した。多くの遺族が、遺骨のゆくえどころか最期の様子、さらには命日までも知ることができなくなった。そのため多くの遺族たちが肉親の最期の様子を訪ねてまわった。彼らがそれに固執したのは、誰かからそれを聞かねば、本当に夫や肉親が死んだのかがわからないからであった。占領下の日本政府は、これを知らせることにおよそ熱心ではなかった。もう前線兵士の士気を維持する必要がなくなっていたからである。戦後における社会の遺族に対する扱いも、やはり粗略としか言いようがなかった。

占領終結、独立後の遺族たちが展開した遺族会運動は、彼らの立場にしてみれば、かつて国が、社会が与えていた物質的・精神的厚遇——すなわちかつて与えられていた「慈愛」を取り戻すための戦いであった。近年の研究で、戦後遺族会がこうした論理のもと運動を展開していったことがすでに指摘されている（今井勇二〇〇二）が、本書で見てきた国家・社会の「粗略な扱い」に対する遺族たち一人一人のミクロな憤りが運動を底辺から支えていたのであった。いわゆる「逆コース」のもと、そうした思いに国家・社会がまがりなりにも応えた——例えば一九五二年、独立とともに制定された「戦傷病者戦没者遺族等援護法」は遺族たちに対する「国家補償」的性格を鮮明にしていた——ことで、遺族たちの怨念が表面化したり、国に直接噴出したりすることは阻止された。

その一例をあげるなら、一九四五年四月、フィリピン・ルソン島で戦死した山形県の陸軍軍曹（戦死時二五歳）の母は、「長男永太郎から最後の便りがルソン島バギオからありました。近年まで所持していたが、心残りでしたが焼却してしまいました。忘れようとしたのです。内容は今でも暗唱しています。〔全文引用されているが、ここでは略す〕帰ってこなかったのが残念でならない。しかし息子の戦死で私の現在の生活を支えて下さる事は大変感謝しております。バギオの慰霊碑の写真に日毎《ひごと》合掌しております」（〔山形県東田川郡〕藤島町戦没者追悼誌刊行会編『藤島町戦没者追悼誌』一九八一年）という。息子が生きていればという無念に日々さいなまれてはいる、しかし息子の死が年老いた彼女の生活を支えているのも事実であった。

遺骨のゆくえも最期の様子も分からないという粗略な扱いを受けたにもかかわらず、それをすくなくとも表面化させないほどに強力な国家社会の「慈愛による支配」の構造は、戦中戦後を通じ、一時期をのぞいてほぼ一貫して生き続けていたのである。ただし、肉親との別れ、最期の状況をめぐる苦悩や、唯一顔の見える存在であった天皇への憤りが遺族たちの胸中に隠微なかたちではあれ、運動の論理に回収されることなくときに燃えていたことも忘れてはならない。それは戦後日本人の戦争観を問ううえで重要な事実であろう。

本書が主要な史料群のひとつとした戦後の遺族会誌（史）は、遺族たちがそうした自らの辛い体験、死者への思いを〝書く〟ことでひとつの過去、思い出へと昇華させる場であった。多くの遺族会がとくに戦後五〇年を契機にこれを作成したことは、そうした作業が必須であったことを示している。もちろん、語りたくない、肉親の記憶を胸の中にしまっておきたいという遺族もいた。前出の山形県の母と同じ藤島町在住の、四五年五月ルソン島で戦死した陸軍曹長（戦死時二八歳）の妻は原稿の依頼に「今亡き夫の思い出を書くにあたって胸が痛むのです。古傷をさぐると傷がうずくのです。願わくばそっとしておきたい。私の大事な思い出は、遠い彼方の奥山深く静かにしまってございます」（同『藤島町戦没者追悼誌』）とこたえている。

だが、多くの遺族が、過去の体験を自らの言葉で書き残して公刊し、後世に伝えようとした。肉親、夫の存在を記録として遺し、かつ過去に自分たちが受けた粗略な扱いを告発して「二度と戦争を繰り返さない」ためにである。それを内向きの反省に過ぎない、外国に対する戦争責任を忘れている、と批判するのは、間違ってはいない。

しかし、遺族たちの体験はけっして忘却されてはならないと思いながら、私は本書をつづってきた。なぜそうしたのかといえば、遺族会誌を通じて、肉親や夫を奪われたその人生の重さをあらためて知らされたからであり、そして近年、愛国心や国家への奉仕といった「お題目」が高唱されている現況があるためである。たかだか六〇年前の日本の国は、国のために命を棄てたはずの者たちに、実に粗略な態度をとっていた。いくら愛国心を「内面化」して国に献身したところで、国があなたたちに誠実にこたえてくれるとは限りませんよ、と言いたいのである。

そして最後は「戦争責任」の問題である。多くの遺族が占領期には「戦争犯罪人」のように扱われた、と述べているが、たしかに戦後の「戦争責任」論者は、あるいは歴史学は遺族たちとその運動を批判することで「戦争責任」を彼らに押しつけ、それで事足れりとしてきたのではないか。戦争体験の「風化」が繰り返し叫ばれたにもかかわらず、これまで遺族会誌がまったく見向きもされてこなかったのはその証であろう。しかしそのとき、本書で見てきたように、かつて彼らを慈愛のまなざしをもって激励・厚遇し、体制の維持に貢献した社会一般の、国民一人一人の「責任」にどこまで自覚的であっただろうか。

あとがき

二〇〇四年四月に「銃後の社会史」という題目で本書の執筆を依頼されたとき、当時を知らない若輩者であるにもかかわらず戦時中の遺族について書いてみたいと考え、お引き受けした。ある遺族会誌中に、「世間は自分たち（の運動）を戦争犯罪人か右翼のようにいうが、平和のありがたみを一番よく知っているのは自分たちである」という趣旨の遺族の発言があったことを思い出したからである。日本遺族会の運動体としての主張や行動についてはあえてひとまずおくとして、自衛隊が遠いイラクに派遣され、憲法改正の話まで出ている今日、「国防」の重要さを叫ぶのもいいけれど、いざ戦争となったらどうなるのか、遺族一人一人の体験が問い直されねばならないのではないか、と考えたのである。

執筆をほぼ終えた同年一二月二二日、「一つの花」作者今西祐行氏の訃報に接した。私にとっての「一つの花」とその授業は、のちのち戦争の問題に関心を持つに至った重要な体験のひとつであった。謹んでご冥福をお祈り申し上げる。

今年は敗戦六〇周年である。歴史を一〇年単位で区切って考えることの意味の有無はともかく、自らの戦争体験を後世に残そうという目的のもと、市町村遺族会の会誌（史）編纂がもっとも活発化した戦後五〇年からさらに一〇年があっという間に経過し、往事の体験者はしだいに、しかし確実にいなくなりつつあるのが現状である。戦死公報の箇所でもふれたことだが、戦争の体験をどう後世に伝えるのかが問われている。

全体を通じて、戦争体験記のもつリアリティというか、細部にこだわった。細部にこそ共感は生まれると考えたからである。戦争について知りたい方、あるいは教えたい方は、近くの図書館に行って地元の遺族会などが編纂した体験記を探してみられてはいかがだろうか。きっと一冊二冊はあることと思う。しかし時代背景や用語の説明を欠くなど、必ずしも他人が読むことを前提としていない体験記もある。そのとき本書が手助けとなれば幸いである。

執筆の過程でいわゆる「聴きとり」を行うことはできなかった。主な理由は、まだ学部生のころ無謀にも聴きとりのようなものを行おうとして当然ながらうまくいかず、そのことがいまでも痛みとして残っているからである。しかし現在、勤務先の国立歴史民俗博物館では主に民俗学の立場から、共同研究「戦争体験の記録と語りに関する資料論的研究」（二〇〇四～六年度）が進められており、これにならって努力したいと考えている。

本書の一部は、拙稿「戦時中の戦没者遺族」（『歴博』九七、一九九九年）をもとに書き下ろした。ここに登場する指導嘱託Nの履歴に関して、当時、諫早市立諫早図書館、諫早市郷土館の懇切なるご教示を得た。末尾ながら記してお礼申し上げる。

二〇〇五年一〇月

一ノ瀬俊也

主要参考文献

菊池敬一・大牟羅良『あの人は帰ってこなかった』(岩波新書、一九六四年)
小原徳志編『石ころに語る母たち農村婦人の戦争体験』(未来社、一九六四年)
上野英信『天皇陛下万歳　爆弾三勇士序説』(筑摩書房、一九七二年)
大江志乃夫『徴兵制』(岩波新書、一九八一年)
松谷みよ子『銃後　現代民話考』(立風書房、一九八七年、二〇〇三年ちくま文庫より復刊)
黒田俊雄編『村と戦争　兵事係の証言』(桂書房、一九八八年)
佐賀　朝「日中戦争期における軍事援護事業の展開」(『日本史研究』三八五、一九九四年)
田中伸尚・田中宏・波田永実『遺族と戦後』(岩波新書、一九九五年)
藤井忠俊『兵たちの戦争　手紙・日記・体験記を読み解く』(朝日選書、二〇〇〇年)
川村　湊『作文のなかの大日本帝国』(岩波書店、二〇〇〇年)
北河賢三『戦後の出発―文化運動・青年団・戦争未亡人』(青木書店、二〇〇〇年)
一ノ瀬俊也「戦後地域社会における戦死者追悼の論理」(『季刊戦争責任研究』三七〈特集「戦没者追悼をめぐって」〉二〇〇二年)
今井　勇「戦没者遺族運動の形成と戦後国家への再統合―戦没者遺族同盟分裂をめぐって」(『年報日本史叢二〇〇二』)

川口恵美子『戦争未亡人　被害と加害のはざまで』（ドメス出版、二〇〇三年）
吉良芳恵「昭和期の徴兵・兵事史料から見た兵士の見送りと帰還」（『国立歴史民俗博物館研究報告一〇一　村と戦場』二〇〇三年）
郡司　淳『軍事援護の世界―軍隊と地域社会』（同成社、二〇〇四年）
波平恵美子『日本人の死のかたち　伝統儀礼から靖国まで』（朝日選書、二〇〇四年）
一ノ瀬俊也『近代日本の徴兵制と社会』（吉川弘文館、二〇〇四年）

著者紹介

一九七一年、福岡県に生まれる

一九九八年、九州大学大学院比較社会文化研究科博士後期課程中退

現在、国立歴史民俗博物館助手、博士(比較社会文化)

主要著書

近代日本の徴兵制と社会　明治・大正・昭和軍隊マニュアル

歴史文化ライブラリー

203

銃後の社会史

戦死者と遺族

二〇〇五年(平成十七)十二月一日　第一刷発行

著　者　一《いち》ノ瀬《せ》俊也《としや》

発行者　林　英　男

発行所　株式会社　吉川弘文館

東京都文京区本郷七丁目二番八号

郵便番号一一三―〇〇三三

電話〇三―三八一三―九一五一〈代表〉

振替口座〇〇一〇〇―五―二四四

http://www.yoshikawa-k.co.jp/

印刷＝株式会社 平文社

製本＝ナショナル製本協同組合

装幀＝山崎　登

歴史文化ライブラリー

1996.10

刊行のことば

現今の日本および国際社会は、さまざまな面で大変動の時代を迎えておりますが、近づきつつある二十一世紀は人類史の到達点として、物質的な繁栄のみならず文化や自然・社会環境を謳歌できる平和な社会でなければなりません。しかしながら高度成長・技術革新にともなう急激な変貌は「自己本位な刹那主義」の風潮を生みだし、先人が築いてきた歴史や文化に学ぶ余裕もなく、いまだ明るい人類の将来が展望できていないようにも見えます。このような状況を踏まえ、よりよい二十一世紀社会を築くために、人類誕生から現在に至る「人類の遺産・教訓」としてのあらゆる分野の歴史と文化を「歴史文化ライブラリー」として刊行することといたしました。

小社は、安政四年（一八五七）の創業以来、一貫して歴史学を中心とした専門出版社として書籍を刊行しつづけてまいりました。その経験を生かし、学問成果にもとづいた本叢書を刊行し社会的要請に応えて行きたいと考えております。

現代は、マスメディアが発達した高度情報化社会といわれますが、私どもはあくまでも活字を主体とした出版こそ、ものの本質を考える基礎と信じ、本叢書をとおして社会に訴えてまいりたいと思います。これから生まれでる一冊一冊が、それぞれの読者を知的冒険の旅へと誘い、希望に満ちた人類の未来を構築する糧となれば幸いです。

吉川弘文館

〈オンデマンド版〉
銃後の社会史
戦死者と遺族

歴史文化ライブラリー
203

2019年（令和元）9月1日　発行

著　者　一《いち》ノ《の》瀬《せ》俊《とし》也《や》
発行者　吉　川　道　郎
発行所　株式会社　吉川弘文館
〒113-0033　東京都文京区本郷7丁目2番8号
TEL　03-3813-9151〈代表〉
URL　http://www.yoshikawa-k.co.jp/

印刷・製本　大日本印刷株式会社
装　幀　清水良洋・宮崎萌美

一ノ瀬俊也（1971〜）

ISBN978-4-642-75603-7